普通高校"十三五"规划教材·金融学系列

投资项目评估

刘艳博 ◎ 主编

清华大学出版社
北 京

内 容 简 介

本书以工业企业项目为主要对象，介绍了投资项目评估的基本原理与方法，主要内容包括企业资信评估，项目概况、建设必要性评估和市场分析预测评估，项目生产建设条件评估，项目建设条件评估，项目环境影响与劳动安全卫生消防评估，项目投资估算评估，融资方案评估，项目的财务效益分析评估及国民经济分析评估。此外，每一章节都有学习目标与练习题，学生可以通过系统的学习与练习，掌握投资项目评估的原理与方法。

与其他同类教材相比，本书在编写时既保存了项目评估工作的完整性，也关注了教材使用对象经济管理类学生的专业性，在尽可能全面讲述项目评估的情况下，注重对与经管类专业相关性强的内容的介绍，尤其对企业资信评估、市场分析评估、投资估算评估、融资方案分析评估、财务效益分析评估，以及国民经济分析评估的相关工作进行了重点讲述。因此，本书是进行项目评估工作与可行性研究工作的好帮手。

本书主要用于财经管理类专业本科学生尤其是应用型本科学生的课堂教学应用，也可以供项目管理、投资管理类学生以及其他相关专业的学生与专业人士自学使用。

图书在版编目（CIP）数据

投资项目评估 / 刘艳博主编. —北京：清华大学出版社，2017（2024.7重印）
（普通高校"十三五"规划教材. 金融学系列）
ISBN 978-7-302-46366-5

Ⅰ. ①投… Ⅱ. ①刘… Ⅲ. ①投资项目-项目评价-高等学校-教材 Ⅳ. ①F830.59

中国版本图书馆 CIP 数据核字（2017）第 021614 号

责任编辑：杜　星
封面设计：汉风唐韵
责任校对：宋玉莲
责任印制：曹婉颖

出版发行：清华大学出版社
　　　　　网　　址：https://www.tup.com.cn，https://www.wqxuetang.com
　　　　　地　　址：北京清华大学学研大厦 A 座　　　　邮　　编：100084
　　　　　社 总 机：010-83470000　　　　　　　　　　邮　　购：010-62786544
　　　　　投稿与读者服务：010-62776969，c-service@tup.tsinghua.edu.cn
　　　　　质量反馈：010-62772015，zhiliang@tup.tsinghua.edu.cn
　　　　　课件下载：https://www.tup.com.cn，010-83470332
印 装 者：天津鑫丰华印务有限公司
经　　销：全国新华书店
开　　本：185mm×260mm　　　印　张：10.25　　　字　数：234 千字
版　　次：2017 年 3 月第 1 版　　　　　　　　印　次：2024 年 7 月第 9 次印刷
定　　价：39.00 元

产品编号：073372-02

目 录

第一章

概　论

第一节　项目与项目周期

一、什么是项目

不论是苹果公司的新产品开发，还是沃尔沃将在中国大庆开设一个新的分厂，这都是企业为了未来的发展而需要完成的活动，这些活动都要求企业投入一定的资源，在计划的时间内，在规定的资源范围内，完成项目初始的预定目标。这样的一次性活动就是一个项目。

（一）项目的特点

（1）项目是一项一次性任务。

（2）项目的完成需要首行投入资源，包括资金、劳动力、原材料、知识、技术等，这些资源是有限制的。

（3）项目具有确定的开始和结束日期。项目必须在计划好的时间内完成，如果超出时间的规定，那么项目就很有可能出现了某些问题，而没有完成。

（4）项目具有一个特定的目标。每一个项目在开始时就规定好了目标，要求项目实施主体共同朝着这个目标努力。

（二）项目的分类

1. 按项目投资性质划分，项目可以分为新建项目和改扩建项目

新建项目，即从无到有、"平地起家"的项目，如某市新建的飞机场、跨国公司在

其他国家新开的分厂。

改扩建项目,一般指的是在原有企业基础上进行改进扩建的项目,这一类项目一般是在企业原有厂房、设备、工艺技术等方面进行改造创新,从而扩大原有的生产能力或规模,或者是提升技术水平增加效益,如某公司的信息系统升级项目、某企业的设备更新换代项目。

2. 按项目的法人机构来划分,项目可以分为新设法人投资项目和既有法人投资项目

新设法人投资项目,是由新组建的项目法人为项目进行融资,项目投资由新设法人筹集的资本金和债务资金构成。这类投资项目的项目法人一般是项目发起人组建的新的具有独立法人资格的项目公司,新的项目法人为项目进行融资承担责任,项目偿还债务的能力主要依靠项目自身未来产生的现金流和项目投资形成的资产。

既有法人投资项目,即不重新组建新的项目法人,而是依托企业原来的法人机构进行融资建设的项目。这类投资项目的项目法人一般还是原来的公司法人,依然由原来的公司法人负责项目资金的筹集和债务资金的偿还,项目偿还债务的能力除了项目自身未来产生的现金流和项目投资形成的资产之外,项目法人原有公司的资产也要作为偿还债务的资金来源。

3. 按项目投资用途来划分,项目可分为经营性项目和非经营性项目

经营性项目,是指直接用于物质生产或为满足物质生产需要服务的项目,其投资目标是实现项目所有者权益的市场价值最大化和获取最大投资盈利。

非经营性项目,主要是用于满足人民物质和文化生活需要及其他物质生产需要的项目,目标不是盈利,如基础建设项目。

4. 按项目投资主体,项目可以分为政府投资项目、企业投资项目和其他投资主体投资项目

政府投资项目,一般是指由政府主导,主要使用政府性资金的投资项目。这一类项目,政府一般根据项目的具体情况及资金来源,通常采用直接投资、资本金注入、提供投资补助等方式进行投资。

企业投资项目,是指由企业主导进行投资建设的项目。企业投资的项目大多是为了获得收益,在市场竞争中获胜,扩大再发展。

其他投资主体投资项目,主要指的是除了政府和企业之外的一些投资主体投资的项目,如高校和企业组成的联合团体进行的技术开发项目。

5. 按项目投资主体的投资对象分类,项目可以分为竞争性项目、基础性项目和公益性项目

竞争性项目,主要是指投资收益比较高、市场调节比较灵敏、具有市场竞争能力的行业部门的相关项目,主要有加工业、商业、房地产业等。一般来说,利润越高的项目,

其竞争性也就越强。工业企业投资实施的项目大多是竞争性项目，是为了获得利润而投资建设的项目。

基础性项目主要包括具有一定的自然垄断性、建设周期和时间比较长、投入资金较多而收益往往较低、经常需要政府扶持的基础设施项目以及一部分基础工业项目，也包括一些能直接增强国力的符合经济规模的支柱产业项目，如三峡工程项目、城市地铁项目、杭州湾跨海大桥项目、高速公路建设项目等。

公益性项目，这类项目的投资收益一般不高，项目投资主体也不是为了获得利润，具有公益性质，主要包括科技、教育、文化、卫生、体育等事业的建设项目，如北京奥运会项目、全国医疗保险项目、城市的免费公园项目等。

（三）项目的重要性

越来越多的企业以及其他组织机构发现项目对企业的发展至关重要，一个好的项目能够挽救一个企业，而一个失败的项目则会导致企业面临生存危机。项目为什么越来越重要呢？

（1）产品更新替换的速度越来越快要求企业投资新的项目生产新的产品。

（2）产品的复杂性和技术性越来越强也要求企业不断地进行技术研发项目。

（3）全球市场的发展要求企业不断投资、紧跟全球市场潮流。

（4）市场的变化越来越快要求企业的生产活动能随时满足市场需求的变化。

以上这几个方面都要求企业不断地投资建设新的项目，项目成功，企业才能获得成功。

（四）项目成功的决定因素

对任何一个项目的投资主体而言，都希望这个项目最终能够获得成功，那么怎么样来衡量一个项目是否成功呢？这取决于以下三个因素。

（1）时间。项目开始和完成的时间是规定好的，项目必须在计划的时间内完成，而不是无限期地进行下去，因此，一个成功的项目应该在规定的时间内完成或者提前完成。

（2）成本。项目必须在有限的成本范围内，有效地利用各种资源，而不是要求无限制地增加投资。因此，一个成功的项目应该在规定的预算范围内完成。

（3）目标。所有的项目最终都必须达到计划的目标，项目的建设和最终项目产品的生产销售都应该达到预定的目标，如果超出目标的控制范围，那么这个项目就不能称为一个成功的项目。

二、项目周期

项目周期指的是项目发展的全过程。对于大多数项目，它都要经历提出项目投资机会、初步可行性研究、详细可行性研究、项目评估、项目建设、项目生产运营、项目结束的过程，如图1-1所示。

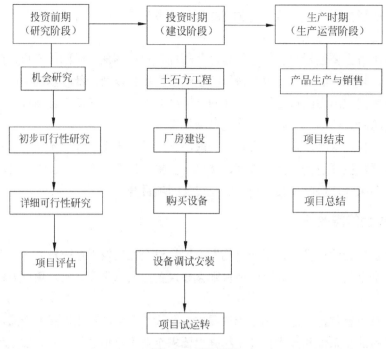

图 1-1　项目周期

根据大多数项目的发展过程，从项目投资的角度可以把项目分成三个阶段：投资前期（研究阶段）、投资时期（项目建设阶段）、生产时期（生产运营阶段）。

投资前期是项目的研究阶段。该阶段的主要任务是由项目的投资主体提出项目并对其进行研究分析项目是否具有实践的可行性，同时由相关部门对项目进行评估，如果评估通过则项目可以立项。投资前期主要分为机会研究、初步可行性研究、详细可行性研究和项目评估四个阶段（见表 1-1）。该阶段对项目未来的成功具有关键的作用。

表 1-1　项目研究阶段

研究阶段	机会研究	初步可行性研究	详细可行性研究	项目评估
研究要求	编制项目建议书	编制初步可行性研究报告	编制可行性研究报告	编制项目评估报告
研究性质	项目设想	项目初选	项目决策	项目立项
估算精度/%	30	20	10	10

投资时期是项目的建设阶段，该阶段的主要任务是由项目的投资主体进行项目的建设工作并完成机器设备的安装直至项目试运转完成的。投资时期主要分为土石方工程、厂房建设、购买设备、安装调试设备、项目试运转五个阶段。

生产时期是项目的生产运营阶段，该阶段的主要任务是由项目投资主体进行产品的生产建设工作，销售产品并收回投资。生产时期主要分为产品生产、项目结束、项目总结。

三、项目投资活动

一般的工业企业项目需要投入大量的资金以及其他各种资源才能完成整个投资活动，项目的整个过程就是资源流动、资本价值运动的过程。项目在生产经营过程中的投资活动主要包括投资资金的筹集活动、投资的分配活动、投资的运用活动、投资的回收活动。当该项目的投资资金回收之后，企业会将回收回来的资金重新投入新的项目，开始新一轮的项目投资活动。

第二节 机 会 研 究

机会研究是项目投资前期研究阶段的第一个阶段。机会研究即项目投资主体鉴别项目投资方向，寻找项目投资机会。

一、机会研究的目的

机会研究作为项目投资的最初阶段，对于企业挑选一个合适的项目至关重要。机会研究是投资主体根据其自身的情况，对国内外的政治、经济、技术和社会文化等具体的外部投资环境进行分析，鉴别寻找可能存在的各种投资机会，选择合适有价值的投资项目。

工业企业，作为投资主体进行机会研究主要是为了依据企业的发展战略，研究分析投资机会与企业自身的各方面条件是否相适应，是否符合国家、地区或行业的发展规划与国家的相关政策，是否具有经济效益，是否有助于促进企业发展，从而为初步选择投资项目提供依据。

机会研究完成之后，需要投资主体编制项目建议书，提出项目设想和项目投资建议。

二、机会研究的内容

大多数项目的机会研究通常可以分成两步骤完成，分别为一般机会研究和特定机会研究。

（一）一般机会研究

一般机会研究是投资主体企业投资项目的最初阶段，由项目的投资主体负责搜集相关的资料和信息，进行对比分析研究，从而在复杂的外部环境中找出合适的投资方向。

一般机会研究主要从三个方面展开：地区机会研究、行业机会研究和资源机会研究。

1. 地区机会研究

地区机会研究是指由于不同的地区存在不同的投资机会，投资主体需要对其有投资意向的国家或地区的地理自然条件、经济发展状况、社会文化环境、科学技术发展程度等条件进行调查分析，寻找、鉴别、选择该地区适合的投资发展方向和发展机会。

2．行业机会研究

行业机会研究指的是投资主体需要对其有意向投资的行业进行调查研究，分析行业的规模和结构、行业在国民经济中所处的地位和作用、行业的主要产品、行业的生命周期、行业的发展现状等特点，进而寻找出行业的投资方向和投资机会。

3．资源机会研究

资源机会研究指的是投资主体对相关的资源的分布位置、储备量、资源品质、资源的经济性、资源的利用情况等进行分析，从而寻找与该资源有关的投资发展机会。

（二）特定机会研究

特定机会研究是机会研究的第二个阶段，也是更加详细的确定最终的投资方向的阶段。投资主体需要在分析地区、行业和资源，基本确定了项目的投资方向后，再结合企业自身的实际情况对该投资方向进行分析，从而在可能的项目投资方案中选择投资主体最有利的方案，找出最好的投资机会。

特定机会研究需要从两个方面展开：企业内部环境和外部具体环境。

1．企业内部环境

针对企业内部环境的研究主要围绕企业的长远发展战略，分析企业拥有的资源和优势，并认清企业存在的劣势，同时分析相应的投资机会对于企业的长远发展会产生什么样的影响，是否有助于企业改进劣势、增强优势，有助于企业战略目标的实现。

企业内部环境分析的主要内容有企业的经营目标、经营战略、企业的技术发展状况、企业拥有的资源（资金、人力、信息、知识、物料等）、企业的管理能力、企业文化等。

分析企业的内部环境可以采用 SWOT 分析法。

2．外部具体环境

外部具体环境的分析一般采用 PEST 外部环境分析方法，围绕企业所处的外部市场环境中的各方面进行，主要包括政治环境、经济环境、社会环境和技术环境。其中政治环境的分析包括国家或地区政府的各项政策、政治局势，经济环境的分析包括市场宏观经济形势、人口收入水平、经济发展水平、消费水平等，社会环境的分析包括意向投资地区的文化教育、风俗习惯、宗教信仰等，技术环境的分析包括技术发展程度等。

通过特定机会研究分析了企业内部环境和其所处的外部的具体环境之后，明确了企业的内部优势和劣势以及外部的机遇和威胁，综合一般机会研究的分析，投资主体就可以鉴别和选择出合适的投资机会，选定拟建的投资项目，同时也需要编写项目机会研究。

第三节　可行性研究

项目的可行性研究是项目前期研究阶段的工作重点，是项目投资决策的基础和重要依据，主要分为两个阶段：初步可行性研究和详细可行性研究。

一、初步可行性研究

初步可行性研究是在项目的机会研究工作完成，确定了项目的投资意向之后，对项目设想进行初步的估计，对项目方案进行初步的分析。

（一）初步可行性研究的作用

项目的初步可行性研究主要是为了对项目投资机会进行进一步的分析，确定拟建项目方案的初步可行性和合理性，判断是否有必要进行下一步详细可行性研究，做出是否投资的初步决定。

（二）初步可行性研究的内容

初步可行性研究的内容涉及投资项目的各个方面，主要包括以下几点。

（1）项目建设的必要性：初步分析项目建设的理由，说明项目的兴建对企业以及对国家的意义。

（2）项目的市场分析：初步分析项目未来生产的产品在市场的供给和需求情况、初步确定项目的生产建设规模、初步确定项目的产品方案、初步分析项目未来的销售情况。

（3）项目的建设方案分析：初步分析项目的建设规模、建设地址，初步确定项目所需的各种资源、确定项目的技术。

（4）项目的环境与安全分析：初步分析项目会对环境产生的影响以及项目可能存在的安全隐患。

（5）项目所需要的投资资金：简单粗略估算项目所需要的投资资金有多少。

（6）项目的融资方案：初步确定项目资金的来源，并对项目的融资方案进行简单的初步分析。

（7）项目的经济效益：简单分析项目的财务效益和国民经济效益。

二、详细可行性研究

详细可行性研究是在初步可行性研究的基础上进行的详细深入分析，是项目投资前期的第三个研究阶段，也是最重要的一个阶段，这个阶段是要对投资项目的各个方面进行详细的分析，从投资主体的角度确定项目的可行性，帮助投资主体进行投资决策。

（一）详细可行性研究的作用

详细可行性研究需要从技术、经济和管理等方面对投资项目的主要问题进行详细、深入、全面的分析研究，其目的如下。

（1）根据详细可行性研究的结果，决定一个投资项目是否值得投资。

（2）利用详细可行性研究中对于项目效益的分析，向银行等货款机构申请贷款。

（3）根据详细可行性研究报告，与项目的合作方进行商务谈判合作以及相关协议的签订。

（4）项目未来的实施需要依据详细可行研究报告来逐步实施。

（5）详细可行性研究报告是申请一个项目是否能得到审批的重要依据。

（二）详细可行性研究的内容

与初步可行性研究相比，详细可行性研究的内容更加全面，研究更加深入，并且需要从经济、技术和管理等方面对项目进行全面具体的分析与论证。对项目投资主体而言，详细可行性研究的结果决定其是否要投资该项目。

可行性研究报告应该由具有资质的设计（咨询）单位编制。根据国家的相关要求，对于一般的工业企业项目，详细的可行性研究主要包括以下内容。

（1）总论。主要包括项目的基本情况、项目设想的背景、项目建设的必要性、项目的执行主体等。

（2）项目产品的市场和项目建设规模分析。主要包括项目产品的市场供给、需求情况的现状分析，项目产品的目标市场分析，项目产品的市场预测分析，项目未来的拟建规模分析。

（3）与项目相关的资源、原材料、燃料、动力供应条件分析。

（4）项目的生产建设条件与地点分析。

（5）项目的技术分析。主要包括项目所要采用的技术以及所要选用的设备分析。

（6）环境保护和劳动安全卫生消防分析。主要包括项目采用了哪些措施来保护环境或减少对环境的影响，以及项目在劳动安全卫生消防方面所需要注意的问题以及所要采取的措施。

（7）项目投资估算分析。主要包括项目所需要的建设投资资金以及流动资金的估算。

（8）项目融资方案分析。主要包括项目所需要的资金来源、资金结构、资金成本以及资金风险的分析。

（9）项目财务效益分析。主要包括项目的财务生存能力、盈利能力、偿债能力以及抗风险能力分析。

（10）项目的国民经济分析。

第四节　项 目 评 估

一、项目评估的概念和目的

项目评估是指在项目的投资活动中，在投资项目可行性研究的基础之上，对拟建投资项目的必要性、合理性、可行性、经济性和效益性等各个方面进行分析，全面审查和评价可行性研究的真实性、合理性和可靠性，并重新进行相关数据的估算，评估其正确性。

项目评估，一方面可以帮助项目投资主体避免投资决策失误造成不必要的损失；另一方面也可以帮助银行等贷款机构在发放贷款时有科学合理的依据。此外，还可以帮助国家合理配置资源，发挥资源的最大价值，创造更多的社会财富。

二、项目评估的原则

（一）客观公正原则

客观公正原则要求在项目评估的过程中，必须以客观事实为依据，以科学的评估方法为手段，为项目各个相关主体的利益负责，公平公正地进行评估工作。

（二）系统性原则

系统性原则要求在对项目进行分析评估时，要把项目看成一个完整的独立的系统，相关的效益费用等分析都要以这个系统为整体，不能片面也不能超过项目本身来进行分析。

（三）经济效益原则

经济效益原则要求评估项目方案时，以经济效益作为基本准则，坚持效益最大化，以最小的投入获得最大的产出。

（四）一致性原则

一致性原则要求项目评估过程中所用到的各种参数和相关指标前后需要保持统一，必须以国家权威机构制定的统一参数和指标为标准，根据项目自身的特点，前后选择相同的指标进行分析。

（五）定量分析与定性分析相结合的原则

在项目评估过程中，尽可能地采用科学的方法量化分析相关的内容，能够采用定量分析的方法都必须使用定量分析的方法进行分析，对难以量化处理的内容，也需要对其进行详细的定性分析，两种方法要结合在一起使用，实现最好的效果。

三、项目评估的内容

项目评估是对项目的执行单位编制的项目可行性研究报告进行评估，所以其评估的内容主要也是项目可行性研究报告。一般的工业企业项目，其项目评估主要包括以下内容。

（一）企业资信评估

企业资信评估主要是针对项目的执行主体进行资质和信用的评估，包括企业的资产情况、经营管理水平、信用状况、经营效益等内容。企业资信评估是为了分析判断项目执行主体是否有能力完成该项目，对于贷款机构，资信评估也是为了分析企业偿还贷款的能力，从而判断是否要提供贷款给企业以及提供何种贷款。

（二）项目概况和项目建设必要性评估

项目概况评估是对项目的建设内容、项目的建设背景、项目的投资意向等基本情况进行评估，以了解项目。项目建设必要性评估是对项目的建设理由、宏观必要性、微观必要性进行分析评估。评估可以判断项目的建设是否合理，对宏观经济、地区发展、行业发展以及企业自身发展是否有利，确定其是否有必要马上建设。

（三）项目市场分析评估

项目市场分析评估，主要审查可行性研究中调查分析的项目产品市场需求与供给现状、市场风险、项目竞争能力等是否与实际情况相符合，其对未来的预测是否可靠，采用的预测方法是否正确等。通过市场分析评估，可以进一步降低项目生产的产品未来在市场中的不确定性。

（四）项目生产建设条件分析评估

项目生产建设条件分析评估主要针对项目的建设地区、建设规模、生产技术、实施进度进行分析评估，判断项目的建设地区与建设规模是否合理，审核项目的生产技术是否有助于项目的生产建设，同时审查项目的进度安排是否合理。

（五）项目环境影响和劳动安全卫生消防评估

项目环境影响评估主要分析项目对生态环境和社会环境造成的影响大小，审查项目执行主体关于环境保护的相关措施是否合理，其环境保护方案是否得到相关部门的批准。项目劳动安全卫生消防评估主要分析项目对劳动者的安全造成的相关影响，评估项目建设生产环境存在的劳动安全卫生消防方面的隐患，审核项目执行主体采取的方法是否合理。

（六）项目投资估算分析评估

项目投资估算分析评估主要分析项目所需要的投资资金：建设资金、流动资金以及其他资金，审查项目执行主体估算的内容是否全面，估算的相关数据是否准确，采用的估算方法是否正确，估算精度是否达到要求。

（七）项目融资方案分析评估

项目融资方案分析评估主要分析项目执行主体提出来的融资方案是否合理，资金来源是否可靠，资金结构是否合理，融资风险是否最小，融资成本是高是低，判断项目的融资方案是否可行。

（八）项目财务效益分析评估

项目财务效益分析评估主要分析项目的财务生存能力、盈利能力、偿债能力、抗风险能力是否符合要求，从而判断项目在财务方面的可行性。

（九）项目国民经济分析评估

项目国民经济分析评估主要分析项目的国民经济效益，审查项目采用的影子价格和采用的计算方法是否符合国家的相关规定，从国民经济的角度来判断项目的经济合理性。

四、项目评估与可行性研究的关系

项目评估与可行性研究对项目而言是一体两面的关系，二者之间有很多相同的地方，但也存在很大的区别。

（一）项目评估与可行性研究的相同点

（1）项目评估与可行性研究分析研究的内容基本上相同。对于同一个项目，可行性研究工作分析的内容，项目评估都需要对其进行独立完整的再一次的分析与审查，因此二者的内容基本上一样。

（2）项目评估与可行性研究的研究方法相同。不论是可行性研究，还是项目评估，二者在对项目进行分析研究的过程中所采用的基础数据、各种参数等都是一样的，相关的分析研究方法也都是一样的。

（3）项目评估与可行性研究的目的是相同的。二者都是希望通过对项目进行科学合理全面的分析，判断项目在实践中是否具有可行性，挑选出最优的项目，减少资源的浪费，创造最大的效益。

（4）项目评估与可行性研究都处在项目投资前期的研究阶段。

（二）项目评估与可行性研究的区别

1. 项目评估与可行性研究的执行主体不同

项目评估是由国家或地方负责项目评估的相关政府部门或者银行等贷款机构来进行的，是对企业或其他申请项目的单位提交的可行性研究报告进行评估的。可行性研究是由发现了项目机会、计划建设项目生产产品的相关机构来进行。谁计划未来投资建设该项目，该项目的可行性研究工作就由谁完成，并向相关部门提交可行性研究报告。

2. 项目评估与可行性研究的重点不同

项目评估与可行性研究的执行主体不同，这就决定了二者在进行评估或研究时的立场就不同，因此其所分析研究的重点也就不同。当相关政府部门对项目进行评估时，其研究分析的重点在于项目的整体可行性，在于项目对国家、地区、行业所产生的整体影响，从而更加关注项目的宏观效益。贷款机构进行项目评估时，除了项目的可行性以外，其更加关心自身的利益，因此研究的重点在于项目的财务效益和偿还债务的能力。企业进行可行性研究则是从企业自身出发，侧重分析项目在实践中的可行性，更加关注项目完成给企业带来的财务效益以及对企业发展造成的影响。

3．项目评估与可行性研究的作用不同

项目评估的作用是分析审查可行性研究报告的真实可靠性，最终做出决策是否同意审批核准项目的建设与生产。可行性研究则是由企业分析项目的可行性，为企业投资决策做出判断。

4．项目评估与可行性研究不是同步进行的

虽然项目评估与可行性研究工作都是在项目投资前期的研究阶段完成的，但是二者并不是同步进行的。可行性研究工作在前，项目评估在后。没有企业提交申请的可行性研究报告，也就没有之后政府相关部门以及贷款机构的项目评估工作。

除了以上几点区别之外，项目评估与可行性研究各自最终编制的报告的内容格式和具体形式也是不同；二者的地位也不一样，项目评估更加权威，最终决定了项目的命运。

练 习 题

1．新设法人投资项目和既有法人投资项目的区别是什么？
2．项目投资前期的研究阶段分别为哪几个阶段？
3．机会研究需要完成什么工作？
4．可行性研究的内容有哪些？
5．项目评估的内容有哪些？
6．项目评估与可行性研究有哪些区别？
7．请说明下列项目分别是什么类型的项目。
　　南京地铁项目
　　南京新体育场项目
　　大连国际机场扩建项目
　　GE 公司新产品研发项目
　　沪宁高速公路项目
　　杭州某公司房地产开发项目
　　3M 公司新技术研发项目

第二章

企业资信评估

学习目标

1. 了解企业资信评估的原因、内容和目的。
2. 掌握企业资信评估的方法。
3. 掌握企业资信评估指标的计算。

第一节　企业资信评估概述

一、为什么企业要进行资信评估

南京某制药公司计划在 2015 年研发一种新药，该药的研发需要 2 000 万元资金，该公司计划从银行贷款投资该项目。银行是否应该提供贷款给该公司？

某国外的大型跨国集团公司打算在中国西部城市银川投资一个风力发电项目，计划与当地的两家建设公司中的其中一家合作开发项目,但对这两家公司都并不十分了解，如何选择合作伙伴呢？

近些年来，我国的一些企业信用缺失现象非常严重，主要表现在抽逃资金、拖欠银行债务、恶意偷税欠税、产品质量低劣等，为了防患于未然，减少或避免信用风险的发生，降低企业的经营风险，企业有必要在项目进行前对合作伙伴进行资信评估。

对于提供贷款给企业建设项目的银行等金融机构，其是否提供贷款给企业或者提供什么样的贷款给企业，也取决于对申请贷款的企业的资信评估结果。

二、企业资信评估的概念

企业资信评估也称为企业信用评估或信用评级等，对于企业资信评估有很多种解释，如"资信评估是以一套相关指标体系为考量基础，标示出企业偿付其债务能力和意愿的过程"或"资信评估即由专业的机构或部门，根据'公正、客观、科学'的原则，按照一定的方法和程序，在对企业进行全面了解、考察调研和分析的基础上，做出有关其信用行为的可靠性、安全性程度的估量，并以专用符号或简单的文字形式来表达的一种管理活动"。

企业资信评估可以分为主动评估和被动评估。

主动评估是指被评估的企业主体自己主动委托相关的资信评估机构对其进行资信评级。在这种情况下，企业会主动提供与企业有关的比较全面、完整且真实的信息，企业也会主动配合资信评估机构的评估工作,因此这种评估往往可以得到更为准确的结果。被动评估是被评估的企业没有主动申请评估，而由评估机构通过收集到的关于企业的有关信息对其进行的评估，这种评估通常是为第三方投资服务的。

三、企业资信评估的目的

对于寻找合作伙伴的企业，资信评估可以让企业在充满风险的商业活动中降低风险，提高企业的经营效率，保障企业的顺利运营。

对于提供贷款的银行，以及非银行等金融机构，资信评估可以帮助其优化信贷资产结构，提高贷款资产质量，防范和减少贷款风险，保障信贷资金的盈利性、安全性和流动性。

对于作为资信评估对象的企业自身，资信评估结果较高，则有助于提升企业形象，推动企业品牌价值和企业声誉，提高企业在行业地区的地位，促进企业未来的发展。资信评估结果较差，则有助于企业寻找自身差距，查缺补漏，弥补不足，推动企业改进经营和发展。

总而言之，企业资信评估的目的有以下几个方面。

（1）如果企业资信评估的评估主体是银行，则银行进行企业资信评估主要是为了评估企业的偿债能力，根据评估结果确定是否向企业提供贷款，以及提供何种贷款。这种评估的目的是优化银行信贷资产结构，提高贷款资产质量，降低银行贷款风险，确保银行信贷资产的安全性、流动性及盈利性。

（2）如果是由管理经济的国家政府主管部门来对企业进行评估，则是为了评估企业是否有能力，以及良好的信用来完成评估，降低投资风险，保障社会经济效益。

（3）企业主动进行资信评估，其目的则在于向企业的投资者证明企业的资产状况和生产经营情况良好，增加投资者的信心，同时可以此作为向银行申请贷款的依据，从而降低企业在商业活动中的阻碍。

第二节　企业资信评估的内容

企业资信评估的内容应该涉及企业的生产与经济活动的各个方面，能够充分体现企业的能力及信用状况。为了更全面地评估企业，企业资信评估一般需要从以下几个方面进行：企业基本素质、资产结构、偿债能力、经营管理能力、经营效益、企业的信用状况和发展前景。

一、企业基本素质评估

企业的基本素质是指企业的基本能力，以及企业的根本条件包括企业领导者及企业资产等各个方面的能力素质情况，一般可以从以下 3 个方面进行分析。

（1）股东。股东是公司的实际控制者，需要重点分析企业的股东的产业背景、经济实力、资信状况、控股方式等。

（2）人力资源素质。人力资源素质决定了企业的实际管理水平以及企业的管理能力和质量。评估企业的人力资源素质，应该重点评估企业的领导者和高层管理人员的从业经历、知识结构、信用记录、人际关系网络、敬业精神等，以及企业员工的知识水平、职业技能、工作满意度和离职率等。

（3）行业竞争地位。行业竞争地位可以明显地看出一个企业的实力与能力。可以企业的资产规模、在行业所处的地位、市场份额、价格影响力、品牌声誉、产品的多样性、销售区域的分布范围、企业的主要客户等来分析企业在行业中所处的竞争地位。

二、企业资产结构评估

企业的资产结构是指企业各种资产占企业总资产的比重，如企业的固定资产、流动资产所占的比例等。通过对企业的资产结构进行分析，可以发现企业经营存在的一些潜在问题。经常用来分析企业资产结构的指标主要有以下 4 个。

（一）资产负债率

$$资产负债率=\frac{负债总额}{资产总额}\times100\%$$

资产负债率反映了债权人所提供的负债占资产总额的比例。该比率值越低，企业的偿债能力就越好。该指标一般应该在 70% 以下，但是对于不同的行业，其具体标准也有所不同，以行业标准为准。

（二）固定资产净值率

$$固定资产净值率=\frac{固定资产原值-累计折旧}{固定资产原值}\times100\%$$

固定资产净值率反映了公司的固定资产新旧的问题。该指标值越大，企业的固定资产就越新，企业的经营条件就相对越好；反之，则说明了公司的固定资产较旧，需要投入资金进行更新维护。在一般情况下，该指标值应该大于 65%。

（三）长期资产适合率

$$长期资产适合率=\frac{所有者权益+长期负债}{固定资产+长期投资}\times100\%$$

该指标从资源配置结构方面反映了企业使用资金的合理性以及企业的长期偿债能力，一般认为该指标≥100%较好。

（四）资本固定化比率

$$资本固定化比率=\frac{非流动资产}{所有者权益}\times100\%$$

资本固定化比率指的是企业固定资产等非流动资产占自有资金的比重，该指标值越低，企业自有资金用于长期资产的数据相对较少；反之，则企业自有资金用于购置长期资产的数额则相对较多，对于一般的生产性企业，该指标最好小于70%，但是需要注意的是，不同行业的企业其标准也不同。

三、企业偿债能力评估

企业的偿债能力指的是企业到期偿还债务本息的能力。企业的偿债能力往往直接影响企业能否继续生存下去。银行等贷款机构对企业进行资信评估时最关注企业的偿债能力。评估企业的偿债能力可以从其短期偿债能力和长期偿债能力两个方面展开。

（一）流动比率

$$流动比率 = \frac{流动资产}{流动负债} \times 100\%$$

流动比率反映了企业的短期偿债能力和资产的流动性，该比率越高，企业资产的流动性也越大，短期偿债能力也就越强。不同的行业，对于该指标的标准也不一样。

（二）速动比率

$$速动比率 = \frac{速动资产}{流动负债} \times 100\% = \frac{流动资产 - 存货 - 预付账款 - 待摊费用}{流动负债} \times 100\%$$

速动比率反映了企业偿还短期债务的能力。企业的速动资产包括货币资金、短期投资、应收票据、应收账款，这些资产可以在较短时间内变现。该指标越高，企业的短期偿债能力就越好，不同的行业，对于该指标的要求也不一样。

（三）长期负债比率

$$长期负债比率 = \frac{长期负债}{资产总额} \times 100\%$$

长期负债比率反映了企业公司负债的资本化程度的高低。该指标值不宜过高，一般应在20%以下（不同行业的标准不一），比率越小则企业的长期偿债压力也就越小。

（四）已获利息倍数

$$已获利息倍数 = \frac{息税前利润}{利息支出} \times 100\%$$

已获利息倍数又称为利息保障倍数，反映了获利能力对偿还债务利息的保证程度。通常该指标越高，企业长期偿债能力就越强，在一般情况下，该指标为3时比较合适，对于不同的企业具体标准也不一样，但是从长期来看至少应该大于1。

（五）担保比率

$$担保比率 = \frac{期末未清担保余额}{所有者权益} \times 100\%$$

担保比率反映企业以自身资产做担保的其他公司的借款额占本企业净资产的比例。该比率值越小，企业的风险就越小；反之，该比率越高，则企业的偿债压力就越大，风险也就越大。

除了以上几个财务比率之外，还应当从企业的或有负债、租赁活动，以及可用的银行授信额度等方面来分析企业的偿债能力。如果企业的或有负债较多，经营租赁的业务也比较大，期限较大或者具有经常性，可用的银行授信额度也较少，就没有的话，那么企业的偿债能力一样不容乐观。

四、企业经营管理能力评估

企业的经营管理能力指的是企业在日常的经济业务活动中管理其各项资产的能力，这项能力决定了企业的长期发展情况，一般可以通过企业资产的周转率等指标来进行分析评估。

（一）应收账款周转率

$$应收账款周转率 = \frac{主营业务收入}{应收账款平均余额} \times 100\%$$

应收账款周转率反映了企业应收账款管理的能力。该值越高，企业的应收账款周转的速度也越快，企业销售一定的产品所平均保持的应收账款也就越少。

（二）存货周转率

$$存货周转率 = \frac{主营业务成本}{平均存货} \times 100\%$$

存货周转率反映了企业存货管理和销售产品的能力。该值越高，企业的存货周转的速度也就越快，企业的存货销售变现的速度也越快，企业这方面经营管理的能力也就越好。

（三）总资产周转率

$$总资产周转率 = \frac{主营业务收入}{平均资产总额} \times 100\%$$

总资产周转率反映了企业总资产管理的能力。该值越高，企业的总资产周转速度也就越快，其资产的流动性也就越好。

（四）一级品率

$$产品销售率 = \frac{销售产品产值}{生产产品产值} \times 100\%$$

一级品率主要反映了企业产品质量管理的能力。该值越接近于 100%，企业的产品质量管理能力就越好，其产品在市场上的竞争力也就越强。

（五）产品销售率

$$产品销售率 = \frac{销售产品产值}{生产产品产值} \times 100\%$$

产品销售率主要反映了企业的销售管理能力。该指标值为 100% 时，说明企业生产出来的产品已全部销售出去。指标值越高，企业销售管理能力就越出色。

五、企业经营效益评估

（一）总资产净利率

$$总资产净利率 = \frac{净利润}{平均资产总额} \times 100\%$$

总资产净利率反映了企业运用全部资产获得利润的能力。该指标值越高，表明企业投入产出的水平也就越高，资产运营水平也就越高。该指标一般应该大于行业的平均水平。

（二）净资产收益率

$$净资产收益率 = \frac{净利润}{平均所有者权益} \times 100\%$$

净资产收益率反映了企业股东权益的收益水平，可以用其衡量企业运用自有资金的效率。该指标越高，投资给股东带来的收益也就越高。企业的该比率应该大于行业平均值。

（三）资金利税率

$$资金利税率 = \frac{企业全年税金 + 利润总额}{固定资产平均余额 + 全部流动资金平均余额} \times 100\%$$

资金利税率反映了企业的全面经济效益和对国家财政所作的贡献。该值越高，企业的经济效益和对国家财政所作的贡献也就越大。

（四）销售利润率

$$销售利润率 = \frac{利润总额}{营业收入} \times 100\%$$

销售利润率表明了企业销售收入所获得的利润水平。该指标值越高，企业的经济效益就越好，盈利能力就越强。

六、企业的信用状况评估

企业的信用指的是企业在以往的经济活动中履行协议及承诺的具体情况，如果企业在经济活动中，遵守合同的规定、及时履约、及时还债，没有出现过违约的情况，那么企业的信用就是良好的。一般可以通过以下 4 个指标来分析企业的信用状况。

（一）贷款按期偿还率

$$贷款按期偿还率 = \frac{当期按期实际偿还的贷款额}{当期应该偿还的贷款额} \times 100\%$$

该指标能够真实地反映企业近期偿还贷款的能力及企业偿还贷款的信用。偿还率越高，则企业的还款能力越好，信用也就越好。

（二）合同履约率

$$合同履约率 = \frac{当期实际履约的合同数量}{当期应该履约的合同数量} \times 100\%$$

合同履约率指的是企业按规定正常履约的合同数量占应该履约的合同数量的比例，它能直接反映企业在经济业务活动中，遵守协议，讲求信用的实际情况。该比率值越高，则企业的履约能力越强，企业的信用也越好。

（三）货款支付率

$$货款支付率 = \frac{当期实际支付的货款}{当期应该支付的全部货款} \times 100\%$$

货款支付率指的是企业在与合作伙伴合作时，从外部购买货物的实际支付比率，它反映了企业支付货款的能力和信用。如果这个比率越高，则企业的支付信用就越好；反之，企业的支付能力和信用就较差。

（四）全部资金自有率

$$全部资金自有率 = \frac{企业的自有资金量}{企业全部资金余额} \times 100\%$$

全部资金自有率从资金自有的方面分析评估企业履约的可能性。该指标最起码应该满足国家规定的资本金制度，其值越高，则企业讲求企业的可能性就越高；反之，则企业在经济业务活动中履约的能力就大打折扣。

七、企业的发展前景评估

分析企业未来的发展前景需要从以下几个方面进行：宏观经济政策、行业情况、企业自身的成长性与抗风险能力。

宏观经济政策会对企业的未来产生重要的影响，针对宏观经济政策的分析，需要预测市场宏观经济政策会呈现什么样的态势，这种态势对企业会产生何种影响及影响的程度如何；未来的经济环境和法律环境对企业的生产经营活动又会产生什么样的影响。

企业所处的行业未来整体的发展情况也对企业的前景有着比较大的影响，针对行业背景的分析，需重点分析其所处的行业环境，政府对行业的监管或支持态度及监管力度与措施。企业所处的行业特点、整个行业当前所处的发展阶段及其寿命周期等也需要进行分析。

企业自身的成长性影响、企业的发展速度及增长情况，需要重点分析其未来一年的发展趋势，并且需要预测企业未来主要的经营风险。

除了以上几个方面，还可以从以下 3 个指标来分析评估企业的发展前景。

（一）销售收入增长率

$$销售收入增长率 = \frac{当期与上期相比增加的销售收入}{上期的销售收入} \times 100\%$$

销售收入增长率说明了企业产品销售收入的增长变动情况，反映了企业的销售能力和生产经营情况。如果企业该指标连续几年保持较高水平或高于行业平均水平，则反映了企业处在快速增长阶段，企业未来前景较好。

（二）利润增长率

$$利润增长率 = \frac{当期与上期相比增加的利润}{上期的利润} \times 100\%$$

利润增长率反映了企业的经济效益增长情况。企业的前景较好的话，则该企业近几年的利润增长率应该保持较高水平或高于行业平均水平；反之，如果企业的利润增长率呈现下降趋势，则企业未来前景可能不会太好。

（三）资产增长率

$$资产增长率 = \frac{当期与上期相比增加的资产}{上期的资产} \times 100\%$$

资产增长率反映了企业的资产规模增长情况，如果资产增长率高于行业平均水平，则该企业处于扩张发展阶段，企业未来的前景较好。

第三节　企业进行资信评估的程序

一般而言，只要是具有法人资格的、在工商行政管理部门登记注册，而且具有连红三年以上的完整的财务会计资料，并且开设了基本账户的企业，都可以申请或委托具有资信评估资质的机构对其进行资信评估，主要的程序如下。

一、企业申请或委托资信评估

首先，符合资信评估条件的企业，可以主动向具有评估资质的资信评估机构申请或委托其对本企业进行资信评估。企业需要提交"企业资信等级评估申请表"或"委托书"，申请或委托获得同意后，企业需要提供与之相关的资料，如企业公司规章制度、高层管理团队的资料、最近连续三年企业的财务会计资料等。

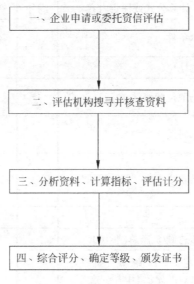

图 2-1　企业资信评估程序

二、评估机构搜寻并核查资料

评估机构同意接受了企业的申请或委托后，需要对企业提交上来的资料进行严格全面的审查核对，确保企业的资料是真实、准确、全面的，同时补充搜寻与该企业有关的用于资信评估的资料。

三、分析资料、计算指标、评估计分

评估机构收集到所需要的全部资料后，需要根据企业资信等级评估的计分标准对其进行分析，并计算所需要的各项指标，根据评分标准评估计分。不同的地区，不同的评估机构，不同的行业所采用的评分标准并不完全相同，如表 2-1 所示。

表 2-1　企业资信等级评定标准计分表（主干指标）

编号	指标名称	计算公式或评定内容	满分	参照值	评分内容说明
一	企业基本素质		10		
1	股东	主要股东背景			股东的经济实力和相关背景
2	人力资源	领导者基本情况			从业经验，学识水平，决策能力等
		高层管理团队素质			工作经验，学历学识，以往业绩等
		公司员工素质			员工学历水平，团队稳定性，员工工作经历等

续表

编号	指标名称	计算公式或评定内容		满分	参照值	评分内容说明
3	竞争地位	基本条件				资产总额，业务范围，利润总额等
		品牌地位				品牌知名度和声誉
		市场地位和份额				市场控制力，市场占有率等
		技术研发				技术水平，研发投入程度等
		产品素质				产品特点，产品质量管理，产品的优势，客户群体特点等
二	资产结构			16		
4	资产负债率	负债总额/资产总额×100%				参照行业标准
5	固定资产净值率	（固定资产原值-累计折旧）/固定资产原值×100%				参照行业标准
6	长期资产适合率	（所有者权益+长期负债）/（固定资产+长期投资）×100%				参照行业标准
7	资本固定化比率	非流动资产总额/所有者权益×100%				参照行业标准
三	偿债能力			16		
8	流动比率	流动资产总额/流动负债×100%				参照行业标准
9	速动比率	（流动资产总额-存货-预付账款-待摊费用-待处理流动资产损益）/流动负债×100%				参照行业标准
10	现金比率	（货币资金+交易性金融资产）/流动负债×100%				参照行业标准
11	长期负债比率	长期负债/资产总额×100%				参照行业标准
12	利息保障倍数	息税前利润/利息支出				参照行业标准
13	担保比率	期末未清担保余额/所有者权益×100%				参照行业标准
四	经营管理能力			16		
14	应收账款周转率	主营业务收入/应收账款平均余额×100%				参照行业标准
15	存货周转率	主营业务成本/存货平均余额×100%				参照行业标准
16	总资产周转率	主营业务收入/资产平均余额×100%				参照行业标准
17	一级品率	一级品产品产值/全部产品产值×100%				参照行业标准

续表

编号	指标名称	计算公式或评定内容	满分	参照值	评分内容说明
18	产品销售率	销售产品产值/生产产品产值×100%			参照行业标准
五	企业经营效益		16		
19	总资产净利率	净利润/平均资产总额×100%			参照行业标准
20	净资产收益率	净利润/平均所有者权益×100%			参照行业标准
21	销售利润率	利润总额/营业收入×100%			参照行业标准
22	总资产报酬率	息税前利润/平均资产余额×100%			参照行业标准
23	资金利税率	（企业全年税金+利润总额）/（固定资产平均余额+全部流动资金平均余额）×100%			参照行业标准
六	企业信用		14		
24	贷款按期偿还率	当期按期实际偿还的贷款额/当期应该偿还的贷款额×100%			参照行业标准
25	全部资金自有率	企业自有资金额/企业全部资金余额×100%			参照行业标准
26	合同履约率	当期实际履行的合同数量/当期应该履行的合同数量×100%			参照行业标准
27	货款支付率	当期实际支付的货款数额/当期应该支付的货款额×100%			参照行业标准
七	发展前景		12		
28	销售收入增长率	当期与上期相比增加的销售收入/上期的销售收入×100%			参照行业标准
29	利润增长率	当期与上期相比增加的利润数额/上期的利润额×100%			参照行业标准
30	资产增长率	当期与上期相比增加的资产数额/上期的资产额×100%			参照行业标准

四、综合评分、确定等级、颁发证书

最后，评估机构需要根据企业的具体情况，根据评分标准对企业进行综合评分，然后再根据"企业资信等级表"如表 2-2 所示，对应企业的综合得分，确定企业的相应的资信等级，最终由评估委员会审核无误后，向被评估的企业颁发企业资信等级证书。

表 2-2　企业资信等级表

资信等级		分值上限	分值下限	信用状况
一等	AAA	1 000	90	信用极好
	AA	89	80	信用优良
	A	79	70	信用良好
二等	BBB	69	60	信用一般
	BB	59	50	信用不好
	B	49	40	信用较差
三等	CCC	39	30	信用很差
	CC	29	20	信用极差
	C	19	0	缺少信用

不同的资信评估机构使用的级别不同，表 2-3 中所列的是标准普尔与穆迪的评定标准。

表 2-3　标准普尔与穆迪资信级别标准表

（标普）级别	（穆迪）级别	信用状况
AAA	Aaa	偿债能力极强，信用极好
AA	Aa	偿债能力很强，信用很好
A	A	偿债能力较强，易受其他因素影响，信用良好
BBB	Baa	偿债能力有限，信用一般
BB	Ba	违约可能性较低，但是有可能不能偿还债务
B	B	违约可能性较高，偿债能力较弱
CCC	Caa	有较大可能违约
CC	Ca	有很大可能违约
D		到期未偿还债务或正在申请破产等类似行动
SD		选择性违约
NP		未获得评级

在一般情况下，企业如果获得 AAA 的评级，说明企业的资产质量非常优良，资金实力雄厚，经营管理情况良好，偿债支付能力都很好，各项指标都很先进。如果企业获得 AA 的评级，则企业的资产质量比较优良，资金实力较强，经营管理情况较好，偿债支付能力比较好，各项指标比较先进。如果企业只获得了 A 的评级，则企业的资金实力一般，资产质量也比较一般，经营管理情况一般，经济效益不是非常好，偿债支付能力也不是非常好，但短期内不太可能违约。获得其他等级的企业的信用状况则不太理想。

练　习　题

1．企业资信评估的目的是什么？

2．企业资信评估包括哪些内容？

3．银行为什么要对企业进行资信评估？

4．如何对企业的经营管理情况进行评估？

5．企业资信评估的级别有哪些？

6．表 2-4 有 6 家企业的相关资料，这 6 家企业中有一家是 AAA 级，有两家是 AA 级，有一家是 A 级，还有两家是 BBB 级，请指出分别是哪 6 家企业，并说明原因。

表 2-4　6 家企业相关资料　　　　　　　　　%

公　司	甲	乙	丙	丁	戊	己
流动比率	150	130	150	160	160	130
速动比率	116	80	120	110	106	90
长期资产适合率	102	80	110	105	100	75
固定资产净值率	60	60	70	55	50	60
贷款按期偿还率	100	95	100	100	100	98
净资产收益率	18	19	25	19	15	18
利润增长率	11	10	12	10	13	10

第三章

项目概况、建设必要性评估和市场分析预测评估

学习目标

1. 了解如何分析项目的微观及宏观必要性。
2. 掌握市场调查的内容。
3. 掌握进行市场预测的定量及定性分析方法。

第一节　项目概况及必要性分析评估

一、项目概况及背景分析评估

项目概况也就是项目简介，即对项目投资建设主体、项目提出的背景、项目投资建设环境，以及项目生产的产品方案等项目的基本情况进行分析说明。

项目概况和背景的说明与分析主要包括以下几个方面：项目的投资主体、投资建设的理由、投资环境和项目的产品目标。

（一）项目的投资主体

项目的投资主体是项目未来投资建设的主体，由该主体进行研究、融资和投资建设。对于一般的工业企业项目，项目的投资主体与建设主体往往是相同的，都是由提出项目建设申请的某个个人或某个组织来负责的。对项目的投资主体进行分析评估，需要说明项目的投资主体的基本情况，分析评估其是否有能力承担该项目的投资责任。

（二）项目投资建设的理由

项目投资建设的理由即说明为什么要投资建设该项目，或者说明该项目设想的由来。常见的项目投资建设的理由有：促进地区经济发展，提高人民的生活水平；提高产品质量，改进产品生产技术，推动行业发展；满足市场需求，获得较高的经济效益，推动企业扩大再发展；优化国家资源配置，提高资源利用效率，创造社会财富等。

（三）项目的投资环境

项目的投资环境是项目投资主体当前所面临的客观条件。影响项目投资外部环境的

主要因素有政治环境、经济环境、社会环境、技术环境。政治环境是指投资主体计划投资项目建设地区的政治稳定情况、政府工作效率、法律法规等。经济环境是指该地区的经济发展水平、人均收入、消费能力等。社会环境是指当地的社会文化、风俗习惯等。技术环境是指当地的科学技术发展程度、行业生产技术程度等。通过投资环境的分析评估，可以帮助投资主体掌握投资地的基本情况，决定是否可以在该地投资。

（四）项目的产品目标

项目的产品目标包括项目未来的产品方案、生产建设规模及要达到的基本效益。这三个方面决定了拟建项目的生产建设情况，要生产什么样的产品，每年的生产能力要达到多少，未来计划获得的预期收益是多少。

二、项目建设宏观必要性分析评估

项目建设的宏观必要性评估，即从国民经济的整体角度出发，分析该项目的建设对国家的产业发展、国民经济发展、地区发展等的影响，从而决定项目是否具有建设的宏观必要性。

项目建设的宏观必要性分析评估，一般从以下几个方面展开：项目建设是否符合国家当前的产业政策要求；是否符合国民经济长远发展规划、地区及行业长远发展规模的要求；是否符合国民经济和谐发展的要求等。

对于对宏观经济影响比较大以及受宏观经济条件影响较大的项目，如资源开采类、基础设施建设等项目都必须分析项目是否具有宏观建设必要性。

三、项目建设微观必要性分析评估

项目建设的微观必要性评估，即从项目的投资建设主体——企业自身的角度出发，分析该项目所生产的产品或提供的服务是否有利于企业在市场中的竞争，是否与企业的长期发展战略一致；是否有利于企业扩大再发展等。对于所有的项目都必须进行微观必要性分析评估。

对企业而言，项目建设的微观必要性主要有以下几个方面：项目的建设可以为企业创造较多的利润，有助于企业进一步扩大发展；项目的建设有利于改进企业技术；项目的建设有助于企业占有更多的市场份额；项目的建设符合企业的长期发展战略，有助于企业实现长期发展目标。

第二节　项目市场现状调查分析评估

在经济社会中，市场是决定项目成功的关键因素，所以，当确定了项目的目标市场后，必须对项目生产的产品所处市场的当前现状进行调查，获得相关的资料，采用正确的方法进行分析，从而决定项目生产的产品是否能够适应市场的需求，在激烈的市场竞争中取得成功。

项目的市场现状调查分析，往往需要从以下几个方面进行：项目产品的市场需求分析、市场供给分析、市场竞争力分析、市场风险分析、市场综合分析。

一、市场需求分析

任何一个投资项目想要取得成功，获得经济效益，其生产的产品就必须能够满足市场的需求。因此，项目在建设之前，必须进行市场需求分析。

需求就是指在一定时间内和一定价格条件下，消费者对某种商品或服务愿意而且能够购买的数量。必须注意：需求与通常的需要是不同的。某种产品的社会最大需求量，来自两个方面：显在需求和潜在需求。显在需求指的是消费者正在购买以及持币准备马上购买某种商品的数量。潜在需求指的是消费者未来可能购买的数量。项目产品的需求分析既要分析显在需求，更要分析其潜在需求，尤其要分析项目进入生产阶段时的潜在需求。

（一）影响需求的因素

一般对产品的市场需求会产生影响的主要因素有消费者偏好、消费者的个人收入、产品的价格、互补品的价格、替代品的价格等。

在这几个因素中，消费者偏好决定了消费者的购买意愿，消费者的个人收入决定了消费者的购买能力；产品、互补品，以及其替代品的价格影响消费者对同类产品的购买需求。当产品的互补品价格升高时，产品的需求一般会降低；反之，则升高。当产品的替代品的价格升高时，产品的需求则一般可能会升高；反之，则降低。

（二）市场需求分析的内容

一般的工业企业项目，其市场需求分析包括以下三个方面：国内市场需求、国际市场需求、出口量。

（1）国内市场需求主要分析该产品在国内市场的消费总量、主要的消费群体、主要的消费地区、市场需求的满足程度。

（2）国际市场需求主要分析项目产品在国际市场的消费总量、在各个国家的消费数量、主要的消费群体及消费地区、不同国家的市场需求的满足程度。

（3）出口量则主要分析项目产品最近的出口数量、主要的出口国、出口的品种、出品量与国内市场需求量的比重等。

二、市场供给分析

市场供给与市场需求一体两面，互相影响。市场供给是指在一定的时期内，一定条件下，在一定的市场范围内可提供给市场消费者的某种商品或劳务的总量。某种产品的社会最大供给量，来自两个方面：显在供给和潜在供给。显在供给是指当前市场上正在生产该产品的企业的现有产量，这是当前市场上的实际供给能力。潜在供给指的是当前的企业通过扩大再发展，改进技术等后所能增加的最大的生产产量，以及新建生产同类产品的工程项目的生产能力等综合在一起的所有产量。分析项目产品的市场供给，不仅要分析产品的显在供给，也要分析产品的潜在供给，尤其是在项目寿命周期内的潜在供给量。

（一）影响供给的因素

影响市场供给总量大小的主要因素有产品价格、生产成本、生产技术等。其中，在其他条件不变的情况下，项目产品的价格上升时，往往会引起产品供给量的增加，反之，则引起产品供给量下降。而生产成本往往与项目产品供给量成反方向变化，即生产成本升高，供给量下降，反之增加。而生产技术的进步，则往往也会促进产品供给量的增加。

（二）市场供给分析的内容

一般的工业企业项目，其市场供给分析包括以下三个方面：国内市场供给、国际市场供给、进口量。国内市场供给分析需要分析项目产品在国内的生产总量，在各个地区的产量分布情况，国内的生产技术以及生产成本等情况。国际市场供给分析需要分析项目产品在国际的生产总量，在各个国家地区的产量分布情况，国际的生产技术以及生产成本等情况。进口量分析主要分析项目产品在一定时期内的进口总量、进口地区、进口量的变化趋势，进口量占国内生产量的比重等。

三、市场竞争力分析

市场竞争力分析就是要分析项目生产的产品在市场上与其他企业生产的产品相比，其在市场竞争中获胜的可能性。市场竞争力分析需要从项目自身和项目产品的竞争对手两个方面进行。

（1）从项目自身进行分析，需要分析项目投资主体自身的竞争优势和竞争劣势。比如，项目自身有较高的技术优势，或较好的市场声誉，或较高的产品质量等就是项目自身的竞争优势。

（2）从项目产品的竞争对手分析，应该分析生产同类产品或替代品产品中的主要市场竞争对手，这些竞争对手在市场中占有较多的市场份额，具有较强的生产能力，拥有较强的实力等。通过分析，找出对手的优势和劣势。

然后，对项目自身和其竞争对手进行对比分析，从而在项目的投资建设中，采取措施，发挥项目主体自身的优势；学习竞争对手的优点，同时弥补自身的劣势，确保项目在竞争中处于比较有利的地位。

四、市场风险分析

项目生产的产品在市场中会面临各种各样的意外情况，这些来自市场的意外可能会引起项目投资收益产生变动，因此必须对项目进行市场风险分析，提前做好准备，以期降低市场风险可能会给项目造成的损失。

不同地区不同行业的项目所遭遇的市场风险是不一样的，主要的市场风险因素有以下 4 个方面。

（一）市场竞争加剧

市场竞争会随着新建项目的进入与替代品的出现而越来越激烈，这种激烈的竞争可能会导致项目生产的产品在市场上处于不利的地位，降低产品需求，减少产品利润。

（二）政治环境发生变化

政府的相关政策或法律法规出现变化，会影响产品的生产与销售。

（三）经济环境恶化

当整体经济环境恶化，市场上所有的企业都会受影响，项目生产的产品也一样。

（四）技术进步加快，产品更新周期变短

项目的生产技术可能会落后于其他企业，生产效率低下，导致其在竞争中处于不利地位。

对于不同行业不同规模的项目，这些风险出现的概率及产生的影响都是不同的，因此需要根据项目的具体情况进行具体分析，发现项目生产的产品在未来的市场竞争中最有可能遭遇的风险，以及其可能会对项目造成的影响，并提前采取措施以降低风险。

五、市场综合分析

对投资项目的市场综合分析一般可以从以下 6 个方面展开：项目的目标市场分析、项目的投资环境分析、项目的产品方案分析、项目的市场容量分析、项目的产品价格评估分析、项目的营销策略分析。

（1）项目的目标市场分析要求确定项目未来的目标市场是在哪个国家，是否要出口到国外，如果只在国内销售，那么主要的目标销售市场在哪个地区，该地区的客户群体是哪些人群，其消费偏好如何等。

（2）项目的投资环境分析要求重点分析项目未来投资地区的市场环境情况。该地区的政治是否稳定，资本流动是否顺畅，税收负担是否不利于企业发展，融资环境是否有助于企业筹措资本，政府非正式收费负担是否较重，基础设施建设是否完善，是否存在地方保护主义，该地区劳工技能和科技水平如何等。

（3）项目的产品方案分析是指项目未来计划生产的产品品种、生产产量、质量标准和产品组合，确定项目产品中不同产品的比例结构。

（4）项目的市场容量分析要求确定目标市场在一定时期内能够吸纳某种产品的总数量，即其对某种产品的需求总量。

（5）项目的产品价格分析即根据项目产品的特点以及产品价格的构成及变动情况，分析确定项目产品的价格情况。

（6）项目的营销策略分析则围绕项目未来的目标市场，制定相应的营销策略，确定产品未来的销售渠道、销售价格及宣传策略。

项目是否应该投资建设及如果投资建设其生产的产品未来是否能够在市场上获得

成功，很大程度上会受对市场的综合分析的影响。

首先项目是否应该投资建设，取决于项目产品在市场上的需求和供给分析，一般分为以下三种情况。

当产品在市场上的需求量小于供给量时，则不应该投资建设该项目。

当产品在市场上的需求量大于供给量时，则可以投资建设该项目。

当产品在市场上的需求量等于供给量时，则应该根据产品的实际情况，以及项目建设对企业、社会、宏观经济产生的影响，认真考虑是否应该投资建设该项目。

第三节　项目市场预测

一、市场预测的内容

市场预测即运用合理科学的方法，调查分析影响市场供求变化的各种因素，掌握市场供求变化的规律，研究预测市场的发展趋势，为项目投资决策提供依据。

项目市场预测的内容一般有以下三个方面。

（一）项目产品的市场需求量

项目产品在未来市场上的需求量需要根据产品当前的需求量、产品需求量的变化情况及项目的建设时间来进行预测。

（二）项目产品的市场供给量

项目产品的市场供给量可以根据产品当前的供给能力、在建项目的生产能力、拟建项目的生产能力以及关停并转的生产能力，结合产品供给能力的变化情况来进行预测。

（三）项目产品的市场价格

项目产品的市场价格即项目未来正式投入生产时，所生产的产品在市场上的销售价格。产品价格的高低会影响产品在市场上的竞争力以及项目未来的效益情况，一般应该结合产品价格变动的规律、竞争对手的价格策略及投入物的价格变动情况来预测产品的价格。

二、市场预测的程序

针对项目生产的产品进行市场预测的程序如下。

首先，需要明确预测的目标。根据项目的具体特点，拟订项目的预测目标。

其次，进行市场调查获得足够充分的资料。具体需要分析调查项目产品在市场上的现状，包括产品的市场需求现状、供给现状和价格现状，影响产品需求与供给的因素，以及产品价格的影响因素和产品价格的变动规律。

再次，结合项目的特点，选择合适的预测方法。一般可以结合使用定量和定性分析的方法来进行预测。

最后，通过各种预测方法对资料的综合分析，根据项目的实际情况，考虑多种因素，给定预测结果。

三、市场预测的影响因素

市场预测的结果将为项目投资决策提供一定的依据，预测越准确，项目投资决策的风险就越小，但是在预测的过程中，有一些因素会影响项目的预测准确度。

（一）市场环境的不确定性

市场充满了各种风险，对于拟建项目其风险更高。项目的预测往往是基于目标市场当前的环境情况进行的，未来的市场环境可能会出现较大的变化，如宏观经济出现较大变动、政府政策发生变化、居民收入出现较大变化、出台了新的法律法规等，那么预测就很可能也会出现较大的偏差。因此，在预测时应该尽可能地考虑这种不确定性给项目带来的影响。

（二）产品的消费用途

产品根据其消费对象不同，其消费用途也有所不同。一般可以分为两种用途：提供给普通消费者使用的生活资料和提供给工业企业生产使用的生产资料。产品的用途不同，其预测的方法也不一样。因此，在预测时，应该结合产品具体的消费用途，选择合适的预测方法。

（三）产品的更新周期

产品的更新周期会对产品的市场需求量产生较大的影响。如对于耐用消费品，市场经济形势较好的时候，产品的更新周期较快，市场需求量会比较大。反之，则更新较慢，市场的实际需求会比较小。大多数产品的更新周期与其使用寿命有关，经济繁荣时往往会比其使用寿命要更短，经济萧条的时候则会更加接近其实际的使用寿命。

（四）产品的消费条件

产品的消费条件指的是使用某个产品，如果想要发挥其效用，则必须满足的一些条件。如家用电器的功能离不开电，汽车的使用离不开汽油等。对项目进行市场预测时，应该首先考虑目标市场是否具备产品的消费条件，然后再进行分析。

除了以上几个因素之外，项目的经营管理能力、目标市场地区的社会文化等都有可能会对项目产生影响，因此，在调查分析市场现状及预测市场未来的时候，必须把握与其相关的各个方面，综合分析，降低风险，确保顺利实现项目目标。

四、市场预测的方法

在市场现状综合调查和分析的基础上，对项目未来的市场进行预测，一种方法得出的结论往往并不十分准确，因此通常可以综合采用定性分析和定量分析的方法，根据几种方法的结果，结合项目产品的实际情况再得出最合理的结论。

（一）定性分析

1. 德尔菲法

德尔菲法，又称背对背问卷调查法。该方法主要是由调查者拟定调查表，按照既定程序向相关专家发放问卷，而专家之间不能互相讨论，不得发生联系，采用匿名发表意见的方式，只与调查人员之间发生关系，通过多轮问卷的发放与专家意见的收集，反复征询、归纳、调整问卷与专家意见，最后汇总形成参与专家基本一致的意见，从而作为预测的结果。

德尔菲法在某些情况下，需要和其他方法一起使用才能得到更好的结果。

【例 3.1】 某企业聘请 15 位专家对某项目生产的产品未来的价格进行预测，最后一轮结果如表 3-1 所示。

表 3-1 项目产品价格预测

专家序号	1	2	3	4	5	6	7	8	9	10	11	12	13	14	15
预测结果	6	6	5	7	7	6	7	8	7	6	7	5	4	7	6

问：该项目生产的产品价格为多少？

如果采用算术平均法，计算出 15 位数据的算术平均数为 6.27，则该项目生产的产品价格为 6.27。

如果采用中位数法，其中位数为 6，则该项目生产的产品价格为 6。

如果采用比重法，其众数为 7，则该项目生产的产品价格为 7。

2. 产品寿命周期分析法

一种产品进入市场后，产品的销售量和利润都会随着时间的变化而改变，从产品的开发成功进入市场到快速成长，再到成熟，直到最终走向衰落，这就是产品的寿命周期。项目产品在其寿命周期的不同阶段，项目面临的市场风险是不同的，项目若想成功，所需要采取的策略也是不同的，因此需要在投资前期，明确判断项目产品所处的寿命周期阶段。

市场的产品寿命周期一般可以为分 4 个阶段：投入期、成长期、成熟期和衰退期，如表 3-2 所示。

表 3-2 产品寿命周期的主要特点

寿命周期阶段	销 售 量	市 场 需 求	利 润
投入期	缓慢上升	需求量很低	利润很少
成长期	快速增长	需求量急速增加	利润率快速提升
成熟期	增长放缓	需求接近饱和	利润率不再提升
衰退期	减少	需求减少	利润减少

第一个阶段：投入期。投入期即新产品刚刚进入市场的阶段。在这个阶段，产品刚刚面世，消费者还不了解产品，甚至根本不知道这种产品的存在，只有少数追求新奇的顾客了解该产品以至产生购买行为，市场需求很低，导致产品的销售量也很低。为了扩展销路，需要大量的促销费用，对产品进行宣传，让更多的消费者了解产品。在这一阶段，由于技术方面的原因，产品不能大批量生产，因而成本较高，同时销售额增长缓慢，企业不但得不到利润，反而可能亏损。另外，产品的性能和质量也有待进一步完善。

第二个阶段：成长期。在这个阶段，由于产品已经面世一段时间，大多消费者已经熟悉该产品，因此会有大量的新顾客开始购买，市场需求快速扩大。产品大批量生产，单位生产成本渐渐降低，销售额迅速上升，利润也迅速增长。原来没有参与的一些生产厂商开始纷纷进入市场。

第三个阶段：成熟期。很多的消费者已经拥有此类产品，市场需求趋向饱和，缺少新的增长点，销售额增长慢慢放缓，利润率也达到顶点，不再增长，甚至可能开始下降，同时同类产品的生产厂商数量较多，竞争比较激烈。

第四个阶段：衰退期。随着科学技术的发展，新产品或新的代用品出现，将使顾客的消费习惯发生改变，转向其他产品，从而使原来产品的销售额和利润额迅速下降。于是，产品进入了衰退期。

在进行产品的市场预测分析时，需要首先判断出项目产品走到了其寿命周期的哪一个时期，一般可以通过销售增长率和产品普及率方法来进行判断。

（1）销售增长率法。销售增长率法即通过计算产品在市场上的销售增长率，通过其销售增长率的高低来判断项目生产的产品处在寿命周期的哪一个阶段。

销售增长率的计算公式为

$$销售增长率 = \frac{当期与上期相比增加的销售额}{上期的销售额} \times 100\%$$

一般而言，如果产品的销售增长率大于10%，则产品处于成长期，说明可以投资建设生产该产品的项目；当销售增长率大于0小于10%时，产品已经进入成熟期，项目投资决策需要慎重考虑；而当销售增长率小于0时，产品即将或已经进入衰退期，不应该投资该产品项目。不同的行业，该标准也不尽相同，应该具体结合项目所处的行业的实际特点来进行分析。

（2）产品普及率分析法。产品普及率指的是产品在某一地区人口或家庭的拥有量占全部人品或家庭的比率。根据该方法，可以判断出项目产品处在寿命周期的哪个阶段。产品的普及率越低，则产品的市场潜力越大。

产品普及率的计算公式为

$$人口普及率 = \frac{社会拥有量}{人口总数} \times 100\%$$

$$家庭普及率 = \frac{社会拥有量}{家庭总数} \times 100\%$$

社会拥有量＝历年生产累计量＋历年进口累计量－历年出口累计量－历年企事业单位拥有量－历年报废数累计

采用产品普及率来判断某产品的寿命周期处在哪一阶段，一般只适用于耐用消费品，生活必需品和奢侈品则不能用这种方法来进行判断。许多耐用消费品一般可根据经验数据来判断其寿命周期，如果产品普及率在 5%以下的，则该产品处在投入期；普及率在 5%～50%的，则产品大体上处于成长期；产品普及率在 50%～90%的，大体上处于成熟期；产品普及率在 90%以上的，处于衰退期。

当确定了项目产品所处的寿命周期阶段后，如果决定要投资建设该项目，则需要根据产品在不同寿命阶段的特点，采取不同的方法来应对。

如果判断项目产品处于投入期，由于这个时期的产品在市场上还不多见，比较新颖，所以生产出来的产品很容易抢占市场，为以后的发展打下良好的基础。但是同样的，在这个阶段的产品就像新生儿一样脆弱，如果不能被消费者所接受和熟悉，则将面临很大的风险。企业生产这个阶段的产品在最开始时往往无利可图，容易导致短期的亏本，甚至有可能投入的资金完全无法收回。因此，如果要投资建设该阶段的项目产品，项目投资主体需要积极主动地引导市场需求，加大产品的宣传，让更多的消费者了解产品以增加需求，同时加速产品定型，稳定产品的性能和质量，降低产品夭折的风险。

如果项目产品处在成长期，该阶段的产品在市场上竞争还不是非常激烈，产品已被消费者接受，产品的市场需求比较旺盛，往往供不应求，投资生产该产品容易获得市场份额和利润。但是与投入期就已投资该产品的企业相比，在这个阶段进入的企业起步稍嫌迟缓，其市场份额很容易被竞争对手抢走。因此，企业若想在这个阶段投资建设生产此类产品的项目，应该与竞争对手在生产效率和产量上展开竞争，尽可能地提高其市场占有率。

如果项目产品处在其寿命周期的成熟期，投资生产该产品，一方面，企业会面临激烈的竞争，与早期进入该产品生产的企业相比，市场份额基本上已经被其他企业瓜分完毕，竞争容易处于劣势；但另一方面，企业生产此阶段的产品，由于消费者已经对其非常熟悉，所以用于推销和研发的费用就比较少，产品销售出去后的利润率较高。因此，对准备投资生产处于成熟阶段的产品来说，投资主体需要采用差异化战略，关注产品质量、信誉、品牌的建设，形成特色来挤占市场份额。

如果项目产品处在其寿命周期的最后一个阶段衰退期，生产此阶段产品，项目亏损的可能性非常大，因此一般不建议投资建设这样的项目。但是对之前已经在生产销售此类产品的企业而言，其之前已经在该产品上获得了大量的收益，而且产品此前的利润率也非常高，因此，建议企业降低成本，对产品进行升级、增加功能、更新换代，使其重新焕发活力，延长其寿命周期，为企业创造更多的现金流。

对于一般的中小企业，最好投资建设其产品的寿命周期处在成长期的项目，风险较小，获利的可能性较大，项目更有可能最终获得成功。对于实力较强，有一定竞争力，能够抵御一定风险的大企业，可以考虑投资建设其产品的寿命周期处在投入期和成熟期的项目。而产品在衰退期的项目，一般不适合投资。

（二）定量分析

1. 相关因素法

1）比例系数法

在整个市场中，产品与产品之间存在替代和互补的关系，对某种商品的需求很可能与另外一种商品的需求量呈一种比例关系。

某商品的需求量＝相关商品的需求量×比例系数

【例3.2】 某汽车轮胎制造商根据以往汽车销售量与轮胎销售量之间的数据分析发现，汽车的销售量与轮胎的销售量之间呈现一种稳定的比例关系，每销售出一辆汽车，大致可以销售出去 6 个轮胎，预期来年汽车的销量为 2 000 万辆，则轮胎的销售量为多少？

解：

$$轮胎的销售量＝汽车的销售量×比例系数＝2\,000×6＝12\,000$$

根据计算结果可知，来年轮胎的销售量为 12 000 个。

2）弹性系数法

在市场中，消费者对某种商品需求量的大小往往取决于人们的收入水平与该商品的价格水平，即某个地区，一定时期的消费水平与一定时期的居民收入水平和价格水平有着密切的联系。

（1）需求收入弹性。需求收入弹性指某商品的需求量对消费者收入水平变化的反映程度，反映程度高，则需求量受消费者收入水平变化影响大；反映低，则需求量受消费者收入水平变化影响小。当需求收入弹性系数为正时，消费者收入增加，商品需求量随之增加；消费者收入减少，商品需求量随之减少。当需求收入弹性系数为负时，消费者收入增加，商品需求量减少；消费者收入减少，商品需求量反而增加。

$$需求的收入弹性系数＝\frac{\Delta Q/Q}{\Delta I/I}＝\frac{\Delta Q×I}{\Delta I×Q}$$

其中：Q 表示商品的需求量；ΔQ 表示商品需求量的变化程度；I 表示消费者的收入水平；ΔI 表示消费者收入水平的变化程度。

当使用需求收入弹性系数法预测某一产品的需求量时，首先根据已有数据计算出商品的需求收入弹性系数，再来进行预测。公式如下：

预测年商品需求量＝基年商品需求量×（1+商品需求收入弹性×预测年与基年相比收入的增长率）

【例3.3】 某地区去年居民收入为 10 000 元，某商品销售量为 12 000 件，今年居民收入为 12 000 元，该商品销售量为 15 000 件；若明年收入为 15 000 元，预测其销售量为多少？

解：

$$E_i = \frac{(15\ 000 - 12\ 000)}{12\ 000} \div \frac{(12\ 000 - 10\ 000)}{10\ 000} = 1.25$$

$$销售量 = 12\ 000 \times \left(1 + 1.25 \times \frac{15\ 000 - 10\ 000}{10\ 000}\right) = 19\ 500$$

根据计算结果发现，该地区未来商品的销售量为 19 500 件。

【例 3.4】 调查过去 5 年某地区居民收入与某商品的需求量的情况如表 3-3 所示。

表 3-3 过去 5 年某地区居民收入与某商品的需求量

年 份	商品需求量/万件	人均收入/万元	需求收入弹性
1	2 000	1.5	
2	2 200	1.8	
3	2 600	2.1	
4	3 500	2.5	
5	4 800	3.0	

预期当年该地区人均收入将达到 3.8 万元，则当年商品的需求量将为多少？

解：先计算出当年商品的需求收入弹性，如表 3-4 所示。

表 3-4 计算当年商品的需求收入弹性

年 份	商品需求量/万件	人均收入/万元	需求收入弹性
1	2 000	1.5	
2	2 200	1.8	0.5
3	2 600	2.1	1.09
4	3 500	2.5	1.82
5	4 800	3.0	1.86

$$\overline{E} = \frac{0.5 + 1.09 + 1.82 + 1.86}{4} = 1.32$$

$$当年商品的需求量 = 2\ 000 \times \left(1 + 1.32 \times \frac{3.8 - 1.5}{1.5}\right) = 6\ 048$$

（2）需求价格弹性。需求价格弹性指某商品需求量对其价格变动的反映程度。当需求价格弹性系数为正时，商品价格上涨，其需求量随之增加；商品价格下降，其需求量随之减少。当需求价格弹性系数为负时，商品价格上涨，其需求量减少；商品价格下降，其需求量反而增加。

$$需求的价格弹性系数 = \frac{\Delta Q / Q}{\Delta P / P} = \frac{\Delta Q \times P}{\Delta P \times Q}$$

其中：Q 表示商品的需求量；ΔQ 表示商品需求量的变化程度；P 表示商品的价格；

ΔP 表示商品的价格的变化程度。

当使用需求价格弹性系数法预测某一产品的需求量时，首先根据以往的数据计算出商品的需求价格弹性系数，再来进行预测。公式如下：

预测年商品需求量=现价商品需求量×（1+商品需求价格弹性×预测年价格较现价的增长率）

【例 3.5】 若某商品去年价格为 100 元，销售量为 15 000 件；当年价格为 95 元，销售量为 15 800 件；若来年价格预测为 93 元，预测其销售量为多少？

解：$E_P = \dfrac{(15\,800 - 15\,000)/15\,000}{(95 - 100)/100} = -1.067$

预测来年的商品销售量 $= 15\,000 \times (1 + 1.067 \times 7\%) = 16\,120$

【例 3.6】 通过调查搜集资料发现某地在过去 5 年电冰箱的销售量与价格如表 3-5 所示。

表 3-5　某地在过去 5 年电冰箱的销售量与价格

年　份	冰箱需求量/万台	冰箱价格/元	需求价格弹性
1	12	5 000	
2	15	4 800	
3	20	4 500	
4	26	4 000	
5	35	3 500	

预期该地区当年的冰箱价格为 2 800 元，则该地当年冰箱的销售量为多少？

解：先计算出当年冰箱的需求价格弹性，如表 3-6 所示。

表 3-6　计算当年冰箱的需求价格弹性

年　份	冰箱需求量/万台	冰箱价格/元	需求价格弹性
1	12	5 000	
2	15	4 800	−6.25
3	20	4 500	−5.33
4	26	4 000	−2.7
5	35	3 500	−2.42

$$\overline{E} = \frac{-6.25 - 5.33 - 2.7 - 2.42}{4} = -4.175$$

预测当年冰箱的销售量 $= 12 \times \left(1 + 4.175 \times \dfrac{5\,000 - 2\,800}{5\,000}\right) = 34.044$ （万台）

（3）需求交叉弹性。需求交叉弹性是指一种产品需求量对另一种相关产品价格变化的反映程度，这种反映往往存在于两种相关产品中，即两种产品或者是替代品或者是互补品。

设有两种相关产品 A 和 B，计算 A 产品与 B 产品的交叉弹性系数公式如下：

$$两种产品的需求交叉弹性系数 = \frac{\Delta Q_A / Q_A}{\Delta P_B / P_B} = \frac{\Delta Q_A \times P_B}{\Delta P_B \times Q_A}$$

其中：Q_A 表示产品 A 的需求量；ΔQ_A 表示产品 A 的需求量的变化程度；P_B 表示产品 B 的价格；ΔP_B 表示产品 B 的价格的变化程度。

① $E_{AB} > 0$，B 为 A 的替代品，如洗衣粉与洗衣液；

② $E_{AB} < 0$，B 与 A 相互补充，为互补品，如汽车与汽油；

③ $E_{AB} = 0$，B 与 A 无交叉弹性，二者互不相关，如石油与面包。

2．购买力估算法

购买力估算法即根据某商品的购买力以及价格估算其需求量，公式如下：

商品的需求量 = 商品的购买力/商品的价格

商品的购买力 = 该地区整体社会购买力 × 商品在该地区的消费中所占比重

社会购买力 = 该地区货币供应量 × 货币流通速度

【例 3.7】 通过市场分析预测，某城市居民消费品购买力在今后 5 年每年递增 5%，汽车在消费品中的比重每年递增 10%。目前，该城市居民消费品购买力为 350 亿元，汽车在消费品的比重为 8%，预计 5 年后汽车的平均价格为每辆 16 万元。试预测该城市未来 5 年后汽车的需求量。

解：

汽车的购买力 = 该城市的购买力 × 汽车在消费品中的比重

$$= 350 \times 10^8 \times 8\% \times (1 + 10\%)^5 \times (1 + 5\%)^5 = 5\ 755\ 299\ 810$$

$$汽车的需求量 = \frac{汽车的购买力}{汽车的价格} = \frac{5\ 755\ 299\ 810}{160\ 000} = 35\ 791$$

3．简单平均数法

$$\overline{Y} = \frac{\sum_1^n y_i}{n} = \frac{y_1 + y_2 + y_3 + ... + y_n}{n}$$

【例 3.8】 通过调查分析得知某产品最近 5 年的市场销售额分别为 34、45、46、52、48 万元，请根据简单平均数法预测其未来一年的销售额？

$$\overline{Y} = \frac{y_1 + y_2 + y_3 + ... + y_n}{n} = \frac{34 + 45 + 46 + 52 + 48}{5} = 45（万元）$$

4．加权平均数法

$$\overline{Y} = \frac{\sum_1^n t_i y_i}{\sum_1^n t_i} = \frac{1 \times y_1 + 2 \times y_2 + 3 \times y_3 + ... + n \times y_n}{1 + 2 + 3 + ... + n}$$

【**例3.9**】 通过调查分析得知某产品最近 5 年的市场销售额分别为 34、45、46、52、48 万元，请根据简单平均数法预测其未来一年的销售额？

解：

$$\overline{Y} = \frac{1 \times y_1 + 2 \times y_2 + 3 \times y_3 + ... + n \times y_n}{1 + 2 + 3 + ... + n}$$

$$= \frac{1 \times 34 + 2 \times 45 + 3 \times 46 + 4 \times 52 + 5 \times 48}{1 + 2 + 3 + 4 + 5}$$

$$\overline{Y} = \frac{1 \times y_1 + 2 \times y_2 + 3 \times y_3 + ... + n \times y_n}{1 + 2 + 3 + ... + n}$$

$$= \frac{1 \times 34 + 2 \times 45 + 3 \times 46 + 4 \times 52 + 5 \times 48}{1 + 2 + 3 + 4 + 5}$$

$$= 47.33 （万元）$$

5. 一元线性回归法

预测模型： $Y_t = a + b \times X_t$，其是 t 为时间。

根据最小二乘法，得到 $a = \overline{Y} - b \times \overline{X}$

$$b = (\overline{Y \times X} - \overline{Y} \times \overline{X}) / (\overline{X^2} - \overline{X}^2)$$

【**例3.10**】 某企业从 2006 年开始，其生产的某种商品在市场上的销售量如表 3-7 所示，请根据一元线性回归的方法预测该商品在未来一年的销售量。

表 3-7　某企业某商品在市场上的销售量

年份	销售量/万件	时间
2006	13	1
2007	16	2
2008	16	3
2009	15	4
2010	16	5
2011	17	6
2012	15	7
2013	14	8
2014	18	9

解：假设销售量为 Y，时间为 X，则（见表 3-8）：

表 3-8　销售量为 Y，时间为 X 的情况

年份	Y/万件	X	$Y \times X$	X^2
2006	13	1	13	1
2007	16	2	32	4

续表

年份	Y/万件	X	$Y \times X$	X^2
2008	16	3	48	9
2009	15	4	60	16
2010	16	5	80	25
2011	17	6	102	36
2012	15	7	105	49
2013	14	8	112	64
2014	18	9	162	81
平均	15.36	5	79.3	31.67

解：$a=14.44$

$b=0.225$

$Y_{2015} = 14.44 + 0.225 \times 10 = 16.69$ （万件）

则预测得 2015 年该产品的销售量为 16.69 万件。

练 习 题

1．项目建设必要性需要评估哪些内容？

2．影响市场需求的因素有哪些？

3．影响市场供给的因素有哪些？

4．为什么要进行市场预测？

5．如果要投资建设某一产品的项目，在该产品寿命周期的各个阶段需要注意哪些问题？

6．市场需求弹性指的是什么？

7．根据市场调查分析得到，某一产品从 2010—2014 年的产品销售量和价格如表 3-9 所示，如果 2015 年该产品的单位售价为 650 元，那么预计 2015 年该产品的销售量会达到多少？

表 3-9 某产品 2010—2014 年的销售量和价格

年份	产品需求量/万台	产品价格/元
2010	120	980
2011	150	900
2012	210	850
2013	260	760
2014	320	700

8．通过市场分析预测发现，某城市的居民消费品购买力在今后 4 年每年递增 7%，

某品牌的空调在该地区消费品中的比重每年递增 4%。当前，该城市居民消费品购买力为 320 亿元，空调在消费品的比重为 3%，空调的平均售价为 2500 元，预计未来 4 年空调的价格会以每年 3%的速度增加。试预测该城市未来 4 年后空调的需求量。

9．根据市场调查发现，某企业从 2003 年开始，其生产的某种商品在市场上的供给量如表 3-10 所示，请采用一元线性回归的方法预测该商品在未来一年的销售量。

表 3-10　某企业某商品自 2003—2014 年的市场供给量

年份	供给量/万件	时间
2003	140	1
2004	150	2
2005	145	3
2006	153	4
2007	160	5
2008	165	6
2009	159	7
2010	167	8
2011	175	9
2012	178	10
2013	169	11
2014	180	12

第 四 章

项目生产建设条件评估

第一节　项目建设地点分析评估

项目建设地点分析评估即围绕项目未来具体的建设地点，以及相关条件进行分析评估，选择出最合适的建设地点。

一、项目建设地点选择的原则

在选择项目的建设地点时，一般需要遵循以下几个原则。

（1）应该遵守国家的相关法规与建设方针。

（2）应该符合国家以及行业部门的布局和长远规划的要求。

（3）应该注意环境保护，项目建设地应尽可能避开风景区、名胜古迹地区。

（4）应该节约用地，不占或尽量少占用耕地，减少拆迁移民。

（5）项目建设地应该尽量避开一些容易发生地质灾害事故的特殊地区，如易发地震、泥石流、滑坡等地区。

（6）应该尽可能减少项目占用耕地的面积，减少拆迁移民的数量。

（7）项目的建设地应该有利于环境保护，避开风景旅游地区和名胜古迹地区。

二、项目建设地点选择的方法

在一般情况下，项目在选择合适的建设地点时，可以采用的方法有评分优选法、追加投资回收期法和重心法等。

（一）评分优选法

采用评分优选法选择项目建设地点位置的步骤如下。

（1）在厂址方案比较表中列出各种判断因素。

（2）将各判断因素按其重要程度给予一定的比重因子和评价值。

（3）将各方案所有比重因子与对应的评价值相乘，求出各指标的评价分。

（4）从中选出评价分最高的方案作为最佳方案。

【例 4.1】 某企业拟投资建设一个新的工厂，目前有两个选择，地址 A 和地址 B，两个地方的资料数据如表 4-1 所示，请根据评分优选法选择合适的建厂位置。

表 4-1 评分优选法案例资料

判断因素	地址 A	地址 B	权重/%
厂区与消费市场距离	56 公里	12.9 公里	5
厂区面积	36 万平方米	16 万平方米	8
配套设施	无	有	10
交通运输条件	公路和铁路	公路运输	7
土石方工程量	18 万立方米	7 万立方米	10
所需投资	6 800	6 000	25
所需资源	比较丰富	可以从其他地方运输获得	20
技术条件	一般	较好	15

表 4-2 评分优选法案例分析

指标	权重/%	赋权重前得分值		赋权利后得分值	
		地址 A	地址 B	地址 A	地址 B
厂区与消费市场距离	5	60	80	3	4
厂区面积	8	85	65	6.8	5.2
配套设施	10	0	70	0	7
交通运输条件	7	75	60	5.25	4.2
土石方工程量	10	60	70	6	7
所需投资	25	65	70	16.25	17.5
所需资源	20	80	75	16	15
技术条件	15	60	75	9	11.25
合计	100			62.3	71.15

根据表 4-2 的分析结果，通过评分优选法的应用，地址 B 的加权平均得分最高，所以该企业应该选择地址 B 作为建设地点。

（二）追加投资回收期法

追加投资回收期法主要适用于两个建设方案中，其中一个建设方案的投资额较多，而年生产经营费用较小；另外一个建设方案的投资额刚较少，年生产经营费用较多的情况。

追加投资回收期的计算公式为

$$T = \frac{I_2 - I_1}{C_1 - C_2}$$

其中：T 是两个方案的追加投资回收期；I_1、I_2 是两个投资方案各自的全部投资额；C_1、C_2 是两个投资方案各自的年生产经营费用。

如果计算得出的追加投资期小于基准投资回收期，应该选择投资额较多、年生产经营费用较小的方案；反之，则应该选择投资额较少、年生产经营费用较多的方案。

【例 4.2】 经过初步评比得到两个选址方案，预计方案 A 需要的总的建设投资额为 300 万元，年经营费用为 80 万元；方案 B 所需的总的建设投资额为 500 万元，年经营费用为 30 万元，如果基准投资回收期为 5 年，请选择合适的地址方案。

解：首先，计算两个选址方案的追加投资回收期：

$$T = \frac{I_2 - I_1}{C_1 - C_2} = \frac{500 - 300}{80 - 30} = 4 \text{年} < 5 \text{年}$$

所以，应该选择方案 B。

（三）重心法

重心法是指利用建立坐标系，寻找其重心点坐标值对应的地点作为选址地。这种方法适用于建立销售中心、仓储中心或物流中心等，考虑与该中心对应的其他设施之间的运输距离和运输数量，分析运输费用，进而找出实际重心所在的位置，该位置即是应该选择建厂的地方。

第二节　项目建设规模分析评估

一、项目的建设规模

（一）建设规模的定义

某企业新产品项目年产量 50 万件；某房地产开发项目总共建筑面积达 12 万平方米等。这里的 50 万件或 12 万平方米即是指的这两个项目各自的建设规模。

项目的建设规模一般是指项目经过分析研究后，在可行性研究中确定提出的项目的总的生产能力、投资额度、建设规模或产出效益等，也可称为项目的生产规模。项目的建设规模往往决定了项目未来的大小程度，建设规模越大，项目未来所需要耗费的资源也就越多，项目的投入资金越多，项目的影响一般也会较大。

（二）建设规模的表达形式

不同行业的项目，由于项目的具体建设内容是不一样的，有些项目是提供产品的，有些项目是提供服务的，而产品和服务的种类也并不完全一样，因此，不同项目的建设规模具体表达形式也往往不太一样。常见的一些项目的表达形式如下所示。

（1）生产产品的工业项目一般用年产量或年加工量或装机容量来表示。

（2）农林类的项目一般用年产量或种植面积或种植数量来表示。

（3）交通运输类的项目一般用运输能力（如公路、铁路）或吞吐能力（如港口）来表示。

（4）水利建设项目一般用灌溉面积、防洪治涝面积、水库容量、供水能力等来表示。

（5）其他基础设施项目一般用年处理量、建设面积或服务能力等来表示。

如果不能确定项目的具体生产能力或服务能力，也可以用项目投资资金的多少来表示项目的建设规模。

二、影响项目规模的因素

（一）项目建设规模的主要影响因素

一个项目从项目机会研究开始一直到项目开始建设，对项目具体建设规模的影响因素有很多，其中主要的影响因素有以下几个。

（1）国民经济或地区经济的发展规划、战略布局和有关政策尤其是产业政策。该因素往往会对项目建设规模的大小起到关键性的影响。项目的建设规模，应该符合国民经济或地区经济的发展规划、战略布局及各种相关政策的要求。

（2）项目产品的市场需求的大小。该因素一般要求项目的规模需要考虑未来的销售情况，因为只有顺利地把产品销售出去，才能实现项目的经济效益。因此需要根据项目产品未来可能的市场需求量来预测产品的销售量，进而决定项目的生产产量。一般地，项目的建设规模不应该超过其市场需求的数量。

（3）工艺设备与生产技术因素。项目的生产方法和工艺流程，以及项目生产采用的机器设备也对项目的生产效率有较大影响，进而影响项目的建设规模。

（4）资金和各种投入物因素。项目所能够筹措到的资金的多少，以及与其生产建设有关的各种投入物的多少往往直接决定了项目的建设规模的大小。资金越多，各种投入物越多，则项目的建设规模就有可能越大；反之，则越小。

（5）生产的"规模经济"问题。规模经济指的是由于企业的生产专业化水平提高或生产技术提高等原因，在一定的产量内，企业的单位生产成本下降，从而使企业的平均生产成本随着产量的增加而递减的经济。因此，项目为了实现这一经济效益，一般也需要考虑其建设规模的大小。

（6）其他生产建设条件，如土地、交通、通信和环境保护等，除了这几个因素外，项目其他的与项目生产建设有关的内部外部的种种条件，也会对项目的建设规模大小造成影响。

除了以上几个因素之外，项目团队的建设管理水平、项目所处的行业特点、项目的性质也都会对项目的建设规模产生一定的影响。

（二）项目建设规模的确定步骤

确定项目的具体建设规模时，需要考虑的因素比较多，因此项目最终建设规模的确定往往不可能是一蹴而就的，而是在考虑了很多因素后，才一步步确定下来的。

第一步，需要初步确定项目的可能建设规模范围。在确定这个范围时，有两个数值是最重要的：项目的起始规模（最小规模）和最大规模。影响项目的起始规模的主要因素一般有：国家产业政策规定的该类项目所必须达到的最小建设规模，项目要实现规模经济所要达到的最低生产能力，项目的生产设备技术参数决定的最小建设规模。项目的最小建设规模一般不应该低于以上三个因素中的规模。影响项目的最大建设规模的影响因素一般有：项目产品的最大市场需求量，项目能够实现规模经济所限定的最高生产能力，项目的生产建设条件决定的最大建设规模。项目的最大建设规模通常不能超过以上三个因素中的任何一个规模。

第二步，根据项目的特点及各种影响因素制订出不同规模的投资方案。

第三步，在几个项目方案中，分析每个项目的费用及产生的效益，最终确定项目最合理的规模。

三、确定项目建设规模的方法

确定项目建设规模的方法比较多，本章重点介绍以下三种方法：盈亏平衡分析法、起始规模估算法、经验分析法。

（一）盈亏平衡分析法

盈亏平衡分析法（Break-even analysis）也称作量本利分析法，指的是根据产品的业务量（产量或销售量）、成本与利润之间的关系来进行综合分析，找出项目盈亏平衡时的业务量，即盈亏平衡点，进而做出科学的项目投资决策。在这里，我们使用该方法，来确定项目投资方案的建设规模大小。

盈亏平衡分析一般分为线性盈亏平衡分析和非线性盈亏平衡分析两种。

1. 线性盈亏平衡分析

采用线性盈亏平衡分析，首先假定项目的生产产量即是销售量。其次将产品的生产成本分为固定成本和变动成本两类：固定成本指的是一定产销量范围内，生产总成本中不随产品产销量增减变动而变化的那部分成本；变动成本是指在一定产销量范围内，生产总成本中随着产品产销量变化而呈正比例变动的那部分成本。最后，产品的销售收入及总成本与销量之间是简单的线性关系。用公式表示如下：

$$S = PQ$$
$$C = F + VQ$$

其中：S 是销售收入；P 是产品单价；Q 是产销量；C 是产品生产总成本；F 是产品的固定成本；V 是单位产品的变动成本。

当 $PQ = F + VQ$ 时，项目的销售收入与总成本刚好相等，保本，利润为 0。

当 $PQ > F + VQ$ 时，项目的销售收入大于总成本，项目盈利。

当 $PQ < F + VQ$ 时，项目的销售收入小于总成本，项目亏损。

其中，当 $PQ = F + VQ$，产品的产量 $Q = F/(P-V)$，该产量值即为项目的盈亏平衡点，即产量是这个数值时，项目的利润不盈不亏，利润为 0。而这个产量一般应该是项目的最小规模，在此规模之上，项目都是可以盈利的。

【例 4.3】 某工业企业项目的产品的年总固定成本为 200 万元，其生产的产品在市场售价为每件 5 000 元，每单位产品变动成本为 2 500 元。请确定项目的最小建设规模。

解：$Q = F/(P-V) = 200/(0.5-0.25) = 800$（万件）

因此，该项目的最小建设规模为 800 万件。

2. 非线性盈亏平衡分析

非线性盈亏平衡分析法与线性盈亏平衡分析的区别在于：前者认为项目的生产总成本与销售收入与产品的产销量之间呈现的是更加复杂的非线性的关系，而不是简单的线性关系。

用公式来表示项目生产总成本与销售收入和产销量之间的关系分别为

$$S = a_1 Q^2 + b_1 Q + c_1$$
$$C = a_2 Q^2 + b_2 Q + c_2$$

其中：S 是销售收入；Q 是产销量；C 是产品生产总成本；$a_1, b_1, c_1, a_2, b_2, c_2$ 是关系系数。

令 $N = S - C = 0$ 时，可以求解方程得到两个根。这两个根中其中数值较大的那个即为项目的最大建设规模，数值较小的则为项目的最小建设规模。

再令 $\dfrac{\mathrm{d}N}{\mathrm{d}Q} = O$，求解得出一个根，即为项目的最优建设规模。

【例 4.4】 假设某项目生产的产品总生产成本与其产量之间的关系为：$C = 5Q^2 + 120Q + 800$；其销售收入与其产销量之间的关系为 $S = -3Q^2 + 360Q$，请确定该项目的最小规模、最大规模和最优规模。（单位：万件）

解：令 $N = S - C = 0$，根据题意计算得：

$$N = 8Q^2 - 240Q + 800 = 0$$

解方程得到两个根分别为：3.8 和 26.2。

再令 $\dfrac{\mathrm{d}N}{\mathrm{d}Q} = 240 - 16Q = 0$，解得一个根为 15。

因此，该项目的最小规模应该为 3.8 万件，最大规模为 26.2 万件，最优规模为 15 万件。

（二）起始规模估算法

确定项目的起始规模，需要首先确定项目所要采用的生产工艺过程，根据生产工艺过程与生产技术等确定项目的最低产量，再根据产品的销售量、成本、税金与项目要求的利润率，计算出项目的最小产量。项目最终的起始规模则结合项目的生产工艺条件、设备、利润等综合确定。

用来计算项目最小产量的公式如下所示：

$$最小规模产量 = \frac{总固定成本}{单价-单位变动成本-单位产品税价-单位产品利润}$$

上面的公式其实是盈亏平衡法的一种利用,采用该公式计算出来的最小规模产量即是刚好能够达到规定的单位产品利润的产量,如果想要获得更多利润,则需要增加产量。

【例4.5】 某建设项目,选定单条生产线的最低年产量为 10 000 件,如果安装单条生产线,总固定成本为 220 000 元,每件产品变动成本为 74 元;若安装两条生产线,总固定成本为 300 000 元,每件产品的变动成本为 64 元。产品销售单价为 110 元,单位产品税金为 10 元,该项目要求获得 10%的销售利润率。

要求:(1)计算安装一条生产线的盈亏平衡点产量;

(2)计算安装两条生产线获得预期利润的最小规模产量;

(3)确定该项目的合理规模。

解:(1)安装一条生产线的盈亏平衡点产量:

$$盈亏平衡点产量 = \frac{220\ 000}{110-74-10} = 8\ 461(件)$$

(2)安装两条生产线获得预期利润的最小规模产量:

$$最小规模产量 = \frac{300\ 000}{110-64-10-110\times10\%} = 12\ 000(件)$$

(3)确定合理规模:

根据以上计算出的一条生产的盈亏平衡点的产量 8 461 件,不能判断出只建设一条生产线是否能够满足项目预期利润的要求,因此,需要计算安装一条生产线获得预期利润的最小规模产量:

$$最小规模产量 = \frac{220\ 000}{110-74-10-110\times10\%} = 14\ 667(件)$$

通过计算发现,如果只安装一条生产线,要获得预期利润的最小规模产量为 14 667 件,而根据题意可知,一条生产线的最低产量为 10 000 件,只安装一条生产线,很有可能达不到所要求的预期利润,因此,考虑安装两条生产线。根据之前的计算得到,安装两条生产线获得预期利润的最小规模产量为 12 000 件,而两条生产线的最低产量为 20 000 件,因此应该安装两条生产线以满足相关的要求。

由于安装两条生产线的最低产量为 20 000 件,满足利润要求的最小规模产量为 12 000 件,项目不可能只生产 12 000 件,因此项目的合理规模应该是安装两条生产线,起始规模产量为 20 000 件。

(三)经验分析法

与盈亏平衡分析法、起始规模估算法不同,经验分析法是一种定性分析的方法。

经验分析法一般按以下步骤来进行。

首先,寻找几个规模不相同但性质与拟建项目类似的已经完成的项目;其次,计算出已建成项目的主要财务经济指标,如财务内部收益率、投资利润率、净资产收益率等;最后,结合拟建项目的特点,以及制约拟建项目建设规模的各项因素,综合考虑确定拟建项目的最终建设规模。

第三节　项目技术方案分析评估

一、项目技术方案分析评估的原则

项目的技术方案包括项目的生产工艺技术和工程技术方案。

（一）生产工艺技术方案评估

项目的生产工艺技术方案指的是项目拟采用的生产方法与工艺技术及生产工艺流程方案。项目选择什么样的生产工艺技术方案，需要根据项目的建设规模、项目团队的管理水平、项目产品方案等进行综合考虑，项目的技术方案选择不当，有可能会影响项目未来的效益。

项目选择生产工艺技术，需要遵循以下 6 个原则。

（1）先进性。一般而言，由于科学技术进步的速度越来越快，为了确保项目产品在市场中的竞争优势，项目采用的工艺技术越先进越好。工艺技术是否先进，可以通过以下指标来衡量：产品的质量性能、产品的使用寿命、项目的劳动生产效率、产品的能耗率、项目的生产自动化水平等。不同的行业，衡量指标也有所差异。对于国内建设的项目，如果项目执行主体是中小企业，一般建议项目采用成熟的先进技术；对于引进的项目，则一般建议采用与国内相比更加先进的技术。

（2）适用性。选择工艺技术时，仅仅只考虑先进性是远远不够的，还必须考虑技术的适用性。适用性指的是项目选用的生产工艺技术必须与我国的技术水平、经济发展水平及项目的建设规模、产品方案相适应。此外，采用的技术还应该与项目可能会使用到的原材料、辅助材料和燃料相适应；与可能得到的各种设备相适应；与项目员工的素质和管理水平相适应。适用性一般应当与先进性结合一起考虑，不要片面追求先进性，也不能过于忽略先进性。

（3）经济性。生产工艺技术的经济性指的是项目所采用的生产工艺技术，与其他同类技术相比，应该能在同样的投入下获得更高的产出。项目应该采用能够实现以最小成本获得最大收益的技术。

（4）合理性。合理性指的是科学合理地来分析项目的生产工艺技术，如项目设备的生产能力应该达到产品产量及规模的要求，工艺流程能够使各种配套合作，实现专业化协作。

（5）可靠性。可靠性是指项目所选择的工艺必须是成熟可靠的，经生产实践证明其确实能发挥预期的经济效益。如果采用的技术不成熟，则可能会对项目的正常生产运营造成影响，甚至导致项目不能投产，给企业和国家造成较大影响，因此，必须选用成熟可靠的技术。可靠性是选择生产工艺技术的前提条件。

（6）安全性。安全性是从对社会及劳动者保护的角度来考虑工艺技术的可行性。选择工艺技术，特别是针对一些特殊项目，如核电站、矿产开采、化工类等项目，尤其要注意生产工艺技术的安全性。

（二）工程技术方案评估

项目的工程设计技术主要指的是在生产工艺技术、项目建设规模和设备方案等的基础上，项目的总平面设计、空间平面设计、结构方案设计，以及项目主要的建筑物和各种构筑物的建造技术。工程技术是否合理，需要从"坚固适用、经济合理、技术先进"来进行分析评估。

工业企业在投资项目建设时，工程设计方案一般需要由专业的具有资质的机构，根据项目的具体特点来完成相关技术方案的研究设计。

二、项目设备选择分析评估

选定了项目采用的生产工艺技术之后，就要对项目所需的设备规格、型号、数量、性能和价格等进行分析比选。

（一）设备的种类

项目的设备一般可以分为三种：生产设备、辅助设备和服务设备。

（1）生产设备指的是与产品的生产直接相关，直接作用于项目的各种劳动对象，并且能够改变其形状或性能，使其成为半成品或成品的机器设备。

（2）辅助设备指的是不直接作用于生产产品的各种投入物，但是在产品的生产过程中起到辅助作用，产品要想达到既定的质量目标，离不开这类设备的帮助。生产过程中需要用到的各种小型仪器仪表及检测设备就属于辅助设备。

（3）服务设备指的是提供服务的各种办公设备及其他服务性质的设备。

选择设备时，需要综合考虑设备的性能和费用。

（二）选择设备的原则

项目在选择设备时，需要遵循以下 6 个原则。

（1）新建项目的设备最好从国内的先进设备中选择，如果国内的设备不能满足需要，可以考虑从国外选择合适的设备。从国外选择设备，设备必须是先进的，而且应该同时引进与设备相关的技术，而不仅仅是只引进设备。

（2）新建项目所选的设备应该与项目的生产工艺技术，以及项目的建设规模相适应，设备应该是能达到项目设计生产能力的最佳机械组合。

（3）新建项目所选择的设备应该与项目其他的设备是配套的，项目还需要具有相应的维修管理能力。

（4）新建项目所选择的设备应该是系列化、标准化、通用化的，以便于设备使用寿命期内的维修和更新替换。

（5）新建项目选用的先进设备必须是经过试验验证，其生产的产品定型或经过工厂的技术鉴定，证明设备是可靠安全的，才可能选择采用。

（6）选择设备还需要考虑项目建设地点的实际情况，以及原材料、燃料、运输等生产建设条件的特点。

总之，在选择项目所需的设备时，需要从设备的性能和费用出发，确定设备使用需要达到的效果，综合考虑项目的各方面因素，基于设备的品牌声誉、售后服务质量、实用性等，多方面比较后选择出最适合项目的设备。如果待选设备的性能一样时，应该选择总费用最小的设备。

（三）选择设备的方法

设备在其使用寿命周期的总费用一般包括两部分：最初的购置费用和设备使用期内每一年需要支出的维修使用费用。

1. 年费用法

无论待选设备的使用寿命是否一样，只要其性能相同，都可以采用年费用法来进行比选。

年费用法是将设备的最初购置费，按复利计算原则换算为设备使用期内平均每年的费用，再与年使用费用（维持费用）相加，求出设备每年的总费用。用公式表示：

设备的年总费用=初始购置费用×资本回收系数+年维修费用

【例 4.6】 某投资项目需要从国外选用一台精密机床，现有德国、美国两国制造商提供的机床可供选择，这两台设备的性能基本一样，但使用年限和成本不同，具体数据如表 4-3 所示。（A/P,10%,10）=0.162 75；（A/P,10%,8）=0.187 44。

表 4-3 待选设备费用

待选设备	使用寿命/年	售价/万元	年利率/%	年使用费用/万元
德国	10	11	10	0.7
美国	8	6	10	1.1

请选择合适的设备。

解：由于设备的性能基本一样，使用年限不一样，可采用年费用法来进行比选。

德国机床年总费用$=11 \times (A/P, 10\%, 10) + 0.7 = 2.49$（万元）

美国机床年总费用$=6 \times (A/P, 10\%, 8) + 1.1 = 2.22$（万元）

美国机床的年总费用更小，因此应该选择美国制造的机床。

2. 现值法

如果待选设备的使用年限一样时，除了使用上面所述的年费用法之外，也可以使用现值法。

现值法是指把设备每年的使用费用按寿命周期和年金现值系数，换算成相当于最初投资的数额，再加上期初设备的购置费用，得出设备寿命周期总费用（现值），从中选择寿命周期总费用最小的设备为最优设备方案。其公式为

设备寿命周期总费用=最初投资+年使用费用×年金现值系数

【例 4.7】 某投资项目需要从国外选用一台精密机床，现有美国、法国两国制造商提供的机床可供选择，这两台设备的性能基本一样，但使用年限和成本不同，具体数据如表 4-4 所示。

表 4-4　待选设备费用

待选设备	使用寿命/年	售价/万元	年利率/%	年使用费用/万元
美国	8	10	10	0.7
法国	8	6	10	1.1

可根据现值法选择合适的设备。

解：美国机床寿命周期总费用$=10+0.7×(P/A,10\%,8)=13.73$（万元）

法国机床寿命周期总费用$=6+1.1×(P/A,10\%,8)=11.87$（万元）

法国机床寿命周期总费用更小，因此应该选择法国制造的机床。

3．费用效率分析法

如果待选设备的性能和费用都不一样时，可以采用费用效率分析法来进行比选。设备的费用效率指的是每一单位费用消耗所获得的设备效益。

$$设备的费用效率=\frac{设备的系统效率}{设备的寿命周期总费用}$$

设备的系统效率是指设备的运营效率，它既可用容易计量的产量、销售收入等指标来表示，也可用难以计量的各种功能(如耐用性、舒适性、灵活性等）来表示。

【例 4.8】 某投资项目有三种能达到同一目标的设备，这些设备的系统效率用其产品的年产量来表示。如果这些设备的使用寿命相同，各设备的寿命周期总费用和年产量如表 4-5 所示，则请选择合适的设备。

表 4-5　待选设备系统效率

设备类型	总费用/万元	年产量/万件
A	550	69
B	530	62
C	549	67

解：A 设备的费用效率$=69÷550=0.125$（件/元）

B 设备的费用效率$=62÷530=0.117$（件/元）

C 设备的费用效率$=67÷549=0.122$（件/元）

A 设备的系统效率最高，因此应该选择 A 设备。

第四节　项目生产建设条件分析评估

一、资源条件分析评估

对工业企业项目而言，项目所需要的资源有很多种，包括自然资源、信息资源、人力资源及其他各种资源。不管是哪一种资源，在任何国家和地区，都是有限稀缺的。因此，在分析评估工业企业项目的资源条件时，应该注意以下原则。

（1）需要明确项目所需的自然资源的种类和性质。

（2）需要明确项目所需的资源的数量、品质等。

（3）需要分析研究项目采用的技术对发挥资源优势的影响。

（4）需要分析项目中所使用的稀缺资源是否能找得到可替代的资源。

对于资源开采类项目，由于资源是项目的产出物及资源条件的特殊情况，所以在分析此类项目的资源条件时，需要注意 4 个方面的原则：资源的可得性、可靠性、可用性和可获利性。

资源的可得性是指根据资源的赋存状况和现有的技术条件，资源能否得到开发利用；资源的可靠性是指资源的储备量和特点是否能满足开采利用的要求；资源的可用性是指资源的品质特性是否能满足工业企业生产使用的要求；资源的可获利性是指开采利用该资源是否能够获得足够的经济效益。如果资源条件满足以上四个原则，就可以考虑开采利用该资源，投资建设该项目。

二、原材料、燃料、动力供应条件分析评估

项目所需的原材料、燃料及动力供应条件在分析评估时，应该遵循以下 5 条原则。

（1）项目所选用的原材料、燃料，以及动力供应的数量应该满足项目设计生产能力的需求。

（2）项目所选用的原材料、燃料，以及动力供应条件的质量、品质或性能应该满足项目的生产工艺技术的要求。

（3）项目在选择原材料、燃料及动力供应条件、供应商时，应该坚持就近原则，先考虑从国内选择，再考虑从国外选择，尽可能减少运输费用及国际市场风险。

（4）项目在选择原材料、燃料及动力供应条件时，应该考虑其经济性，尽量选择物美价廉的物品。

（5）应该明确项目所需要的原材料、燃料及动力供应条件的仓储设施条件是否做到了配套建设，是否能够满足项目的正常生产运营。

三、交通运输条件分析评估

在项目的建设以及生产方面，可以选择的交通运输工具种类通常有以下几种：水运、铁路运输、公路运输、航空运输、管道运输等。

项目在选择合适的交通运输方式时，需要遵循以下 3 个方面的原则。

（1）项目选择的交通运输方式应该与其生产建设相适应。

（2）项目选择的交通运输方式应该能够协调其整个运输途中的装运卸储各个环节，运输途中的装运卸储次数越少，则项目的费用支出也就越少。

（3）应该尽可能选择成本较低的交通运输方式。

四、人力资源条件分析评估

项目需要投入各种资源来完成，而完成这些活动的关键在于项目的人力资源配置。一般的工业企业项目，通常需要生产人员、管理人员、技术人员、服务人员及其他人员等。分析评估项目的人力资源条件，需要研究项目需要哪些人员、每类人员的数量及人员的来源。

分析评估项目的人力资源条件，需要从以下 5 个方面进行。

（1）研究确定项目人员的配置数量，确定项目各个岗位上所需人员的结构和数量。

（2）研究确定项目各类人员的选拔招聘方案。对于技术改造项目，项目所需的人员应尽可能从企业内部调拨满足，尤其是项目的管理人员和技术人员。

（3）研究分析项目各类人员应该具有的劳动技能和文化水平。

（4）研究分析项目员工的薪酬福利，确定各类人员合理的薪酬结构。

（5）研究分析项目的工作制度。根据项目的具体特点，制定合理的工作时间、工作制度与工作班次。

第五节 项目实施计划分析评估

一、项目实施计划

投资项目一般可以分为三个阶段：研究阶段、建设阶段和生产运营阶段。项目的实施进度指的是项目在建设阶段，即项目从批准可行性研究报告，开始破土动工到项目全面建成投产正式交付使用所需的全部时间。项目的实施计划，即针对项目建设期的各项工作进行合理安排，确定项目建设工作的前后顺序及所需要的时间，使项目各个阶段的工作时序相互衔接，并确定项目的建设工期长度。大多数工业企业项目在建设阶段主要需要完成以下几个阶段的工作：土建施工、设备采购与安装、生产准备、设备调试、联合试运转、交付使用等。

二、项目实施进度计划的方法

一般项目的实施进度可以通过甘特图和网络图来安排。这两种方法最为简单，能够清楚明晰地表明项目的实施进度。

（一）甘特图

甘特图也叫横道图，是在 1917 年由亨利·甘特开发的，其形状是一条线条图，横轴表示时间，纵轴表示具体的活动(即项目某阶段的工作任务)，线条表示在整个期间上计划和实际的活动完成情况。它能够直观地表明任务计划在什么时候进行，以及实际进展与计划要求的对比，如图 4-1 所示。

从横道图中可以清楚地看明白一项工作任务需要多少时间完成，需要什么时候，以及多少时间完成，还可看出项目还剩下哪些工作要完成，同时也可用于评估项目工作是提前，还是滞后，或者是正常按时完成。

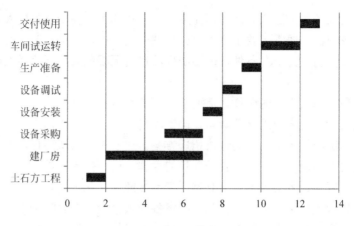

图 4-1　某项目实施进度甘特图

横道图较为简单易懂，但是它只能描述项目计划内各种活动安排的时序关系，无法描述项目中各种活动间错综复杂的相互制约的逻辑关系，也不能同时反映更多的由项目实施者关注的更多项目计划活动内容，所以横道图一般只适用于对小型、简单的项目实施进度安排，不适用于大中型项目或较为复杂的项目的工作进度安排。

（二）网络图

网络图是根据统筹方法来安排项目生产建设计划的一种图形，它主要有两种方法：关键线路法和计划评审技术。

1. 关键线路法（CPM）

关键线路法最早于 1957 年提出，用来安排化工工厂的维护项目的日程。这种方法通过分析项目在实施过程中哪个活动序列进度安排的总时差最少来预测项目工期。关键线路法通过网络图来表示各项工作间的相互关系，进而找出能用于控制工期的关键路线，在一定建设工期、成本、资源条件下对项目建设工期进行最优的进度安排，从而实现减少工期、提高工作效率、降低项目成本的目的。这种方法，项目工期中的各项细分工作所需要的时间往往是凭借以往的实际经验获得的，所以它一般适用于比较成熟的项目。

2. 计划评审技术

计划评审技术就是把项目看作一个完整的系统，用网络图来表示项目建设期间各项具体活动的前后顺序，以及相互之间的关系。采用计划评审技术，也需要找出一条关键路线，这条关键路线以时间为标准，从项目开工之时起到项目最终完工为止所有可能到达终点的线路中需要时间最长的线路就是关键线路。任一个网络图中至少有一条关键线路。关键线路上的活动是项目的主要工序，其他是辅助工序，关键线路所需的时间即是项目的建设工期。通过计划评审技术中的关键线路，可以合理安排项目的各项工作，并对每一项工作的实施进度进行严格的控制，确保可以使用最少的时间，以及资源来达成项目的既定目标。计划评审技术一般更加适用于新项目。计划评审技术中的网络图一般由三个组成要素：箭线、节点和线路。

（1）箭线。在网络图中，箭线所指方向表示项目工作活动的前进方向，箭尾表示工作活动开始，箭头表示工作活动完成结束，从箭尾到箭头表示一项工作活动的过程。箭线通常分为实箭线和虚箭线两种。实箭线用来表示需要消耗时间和资源的工作活动，虚箭线用来表示不需要消耗时间，也不需要消耗资源的工作活动，只表示相邻的工作活动之间的逻辑关系。

（2）节点。网络图中的节点即表示项目某一项工作任务的结束或开始。

（3）线路。从起始节点开始，沿着箭线的方向直到终止节点的通路即为线路。每一条线路都有其完成需要的时间，即等于其线路上各项工作任务持续时间的总和，其持续时间即这条线路上的项目工作完成所需的计划工期时间，其中，时间最长的路线称为关键线路，通常这条路线代表项目的主要工序，其所需时间即为项目整个工期所需的时长，其他的则是项目的辅助工序。

在绘制网络图时，需要注意以下几个基本原则：网络图中的逻辑关系要表达清晰；不能出现循环线路；禁止出现双向箭头或没有箭头的连线；箭线最好不要出现交叉的情况，如果必须交叉，则可用过桥法或指向法来替代；网络图中只有一个起始节点和一个结束节点；只能从节点引出箭线，不能从箭线上引出箭线；节点的编号不能有相同的；箭线一般应该保持从左向右的方向，以水平线为主，竖线和斜线为辅；使用虚箭线要慎重。

如图 4-2 所示，字母 a、b、c、d、e、f、g、h 表示项目的各项工序，字母和箭线下方的数字表示完成该项工序所需的时间，如工序 a 下方是 1，表示工序 a 需要 1 个月完成；工序 b 则需要 4 个月的时间完成等。此外，图 4-2 是一种双代号网络图，从图中需要明白该项目各工序间的逻辑关系如表 4-6 所示。

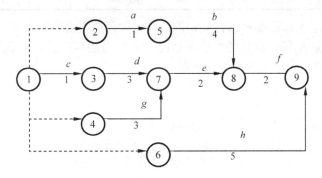

图 4-2　某项目网络图

表 4-6　项目工序逻辑关系

工序	a	b	c	d	e	f	g	h
前项工序	无	a	无	c	d,g	b,e	无	无

从该图中还可以看出，从项目起初 1 到项目最终节点 9，总共有 4 条线路：1-2-5-8-9，1-3-7-8-9，1-4-7-8-9，1-6-9。其中的线路 1-3-7-8-9 所需时间为 8 个月，是 4 条线路中时间最长的线路，也就是该项目的关键线路，因此 c、d、e、f 即是项目的主要工序，而其所需时间 8 个月也就是项目的工期，a、b、g、h 则是项目的辅助工序，其中，工序 a 和 g 应该在工序 d 开展的同时进行。

练 习 题

1. 哪些因素会影响项目的建设规模？

2. 确定项目的最小建设规模和最大建设规模时需要注意哪些因素？

3. 某公司计划要投资建设一个新的项目，通过分析发现，该项目单条生产线的最低年产量为 6 000 件，如果只安装一条生产线，项目的总固定成本为 120 000 元，每件产品变动成本为 50 元；如果安装两条生产线，项目的总固定成本为 200 000 元，每件产品的变动成本为 47 元。产品销售单价为 80 元，单位销售税金为 5 元，该项目要求获得 10% 的销售利润率。试确定该项目的最小规模产量。

4. 某项目由市场调研得知，销售收入函数为 $S = 500X - 0.04X^2$，年变动成本总额为 $V = 180X + 0.06X^2$，预计年固定成本总额为 25 万元，试确定该项目的起始规模、最大规模和最佳规模。

5. 某投资项目需要采用一台机器设备，现有 A、B 两台设备可选，这两台设备的寿命期限和费用不同，数据如表 4-7 所示。(A/P,10%,15)=0.13147；(A/P,10%,8)=0.18744；(P/A,10%,15)=7.606；(P/A,10%,8)=5.335。

表 4-7   A、B 两台设备的寿命期限和费用

设备	使用年限/年	售价/万元	年利率/%	年平均费用/万元
A	15	14	10	0.8
B	8	7	10	1.2

（1）如果设备 A 和设备 B 的性能相同，应该如何选择设备？

（2）如果设备 A 和设备 B 的性能不相同，设备 A 的年产量是 435 万件，设备 B 的年产量是 420 万件，应该选择哪台设备？

6. 选择设备时，需要注意哪些问题？

7. 项目技术分析评估的原则是什么？

8. 项目在选择厂址时，需要注意的原则有哪些？

9. 怎样利用计划评审技术合理安排项目的建设进度？

10. 某项目的工作内容及各工序间的逻辑关系和耗费时间如表 4-8 所示，请绘制网络图。

表 4-8   某项目的工作内容及各工序间的逻辑关系和耗费时间

工作	a	b	c	d	e	f
前项工作	无	a	a	b	b,c	d,e

第五章

项目环境影响和劳动安全卫生消防评估

学习目标

1. 了解项目环境影响分析的内容。
2. 掌握项目环境影响分析的方法。
3. 理解项目劳动安全卫生与消防分析的内容。
4. 掌握项目劳动安全卫生与消防分析的方法。

第一节 项目环境影响分析评估

一、项目环境影响评估的概念

环境影响评估指的是对于"规划和建设项目实施后可能造成的环境影响进行分析、预测和评估,提出预防或减轻不良环境影响的对策和措施,进行跟踪监测的方法与制度"。即大多数项目的建设和生产运营会对环境造成影响,在项目的研究阶段,就需要对其未来可能对环境造成的破坏性影响进行分析和预估,并提出相应的治理措施。

环境影响评估是投资项目决策时的重要内容,必须基于防患于未然的形势进行考虑。

二、项目环境影响评估的原则与内容

(一)环境影响评估的基本原则

环境影响评估应该严格遵照我国环境保护的基本原则,即以预防为主,防治结合;谁污染,谁治理等原则。在项目环境影响评估过程中,应该严格遵循以下原则。

(1)符合政策性原则。即要符合国有环境保护法律法规的要求,遵守地区环境功能规划的要求,环境治理设施与项目主体工程需要做到同时设计、同时施工、同时投产使用。

(2)具有针对性,科学合理。环境影响评估工作需要结合项目具体的建设地点和生产运营地区,结合项目的特点,认真分析项目主要的环境危害因素,提出科学合理的治理措施。

(3)在建设中尽可能使用无毒无害的工程材料;在生产过程中则尽可能采用可再生

资源，采用更先进的技术减少产生的污染物。

（4）在评估工作中要实事求是，如果项目不可避免地对环境产生较大的危害，切忌一味地掩饰，而应该尊重事实，想办法去解决危害，而不是掩盖问题。

（二）环境影响评估的内容

环境影响评估的内容包括项目建设地区的环境现状、项目的主要污染物和污染源、项目采取的治理措施等。

项目建设地区的环境现状指的是项目所在地当前的环境质量，包括该地的自然环境（大气环境、水环境等）、生态环境（森林、草地、湿地等）、社会环境（风俗习惯、生活环境等）、特殊环境（名胜古迹、旅游景点等）。

项目的主要污染物包括工业三废和项目建设对地形等的破坏、噪声污染、粉尘污染等。在分析这些污染物的时候，大多需要分析项目未来产生的污染物总量有多少，排放量有多少，其中的有害成分有多少，对环境的破坏程度如何，排放特征等。

大多数工业企业投资的项目基本上都会破坏环境，因此必须采取相应的治理措施来解决污染带来的影响。项目产生何种污染物，对环境造成什么影响，投资主体计划采取什么样的措施来解决这些影响，这些措施实施之后，是否有效地解决或降低了环境污染的程度，是否达到了国家许可排放的标准，因此，需要重点对项目计划采取的治理措施来进行评估。

三、项目环境影响评估的方法

项目的环境影响评估报告中需要有环境影响的经济效益分析，要求采取有针对性的效益费用分析方法来对其进行分析评估。常用的方法主要有市场价值法、人力资本法、资产价值法、工资差额法、防护费用法和恢复费用法。

（一）市场价值法

市场价值法主要针对环境变化会导致其产出物效益发生变化的项目。通过分析环境变化前后，项目效益产生的差额来进行分析。

（二）人力资本法

人力资本法指的是劳动者受到教育、培训、实践经验、迁移、保健等方面的投资而获得的知识和技能的积累，进而给劳动者带来工资等收益，因而形成了一种特定的资本。人力资本法一般适用于项目产生的污染物明显引起了项目所在地人员人力资本的减少，如某一地区居民大量患病，经调查后发现是由于项目的污染导致的，那么这些患病人员的医疗费、误工费、相关人员的经济损失等都是由项目引起的费用。

（三）资产价值法

由于环境是没有市场价格的，所以针对某些项目，虽然环境没有价格，但是环境变好会影响某种商品的价格，则可以用这种产品的价格变化来衡量环境变化的经济效益或费用，如公园附件的房地产价格往往要比化工厂附近的房地产价格要高。

（四）工资差额法

每个工人的工资产生差异的原因可能是多种多样的，但是对于有些职业的工人，其工资的差异主要可能是由于环境质量的不同导致的。工资差额法即是通过对不同环境质量条件下的工人工资的差异进行分析，进而来评估环境质量变化引起的效益和费用变化。

（五）防护费用法

防护费用法主要针对一些肯定会发生无法避免的环境污染因素，在这种情况下，只能采取一些特定的防护措施来降低环境污染造成的影响，这些特定的防护措施需要支出的费用则可以用来评估环境质量变化产生的效益损失。

（六）恢复费用法

恢复费用法指的是项目已经对环境造成了影响，引起环境质量下降，如果要恢复原来的环境质量需要花费的费用，这种费用则就是环境质量变化导致的费用支出。

第二节　项目劳动安全卫生与消防分析评估

一、劳动安全卫生与消防评估的概念

劳动安全卫生与消防评估指的是为了保障劳动者的人身安全，采用科学合理的方法，对项目中可能存在的危险因素进行识别与分析，确定其发生劳动安全卫生与消防事故的可能性及危害程度。劳动安全卫生与消防评估是项目评估中的关键环节，对保障劳动者人身安全有着至关重要的作用。

二、劳动安全卫生与消防评估的内容

劳动安全卫生与消防评估需要分三个阶段进行，包括劳动安全卫生与消防预评估、劳动安全卫生与消防验收评估、劳动安全卫生与消防现状评估。

（1）劳动安全卫生与消防预评估是在项目的研究阶段的可行性研究工作中进行的，即在项目还未正式建设前期的投资决策阶段，根据以往的经验和项目的特点，预先分析进行的评估。

（2）劳动安全卫生与消防验收评估是在项目工程建设施工结束后竣工验收前的试运转阶段进行的，根据劳动安全卫生与消防预评估中的内容，以及相关的应对措施进行验收检查。

（3）劳动安全卫生与消防现状评估是指在工程项目正常生产运营的年份进行的。现状评估要求经常性地对项目工程中可能会存在的安全隐患进行检查，这类评估在实践中经常被忽略，但是它对于保障劳动者的安全最为关键。

劳动安全卫生与消防预评估、劳动安全卫生与消防验收评估、劳动安全卫生与消防

现状评估都应该包括以下内容：项目的建筑工程（选址、设备、技术、建筑材料等）、劳动者工作过程中的职业危险（有毒有害接触物质、危险作业等）、项目可能发生的爆炸火灾事故等。

三、劳动安全卫生与消防评估的方法

劳动安全卫生与消防评估，需要根据拟建项目的具体特点，采用科学合理的方法，对项目中可能会引起劳动安全卫生与消防事故的危险因素进行定量和定性的分析，对事故发生的可能性和危害程度进行评估，并制定出科学的安全对策措施。

当前，国内和国际上常用的劳动安全卫生与消防评估方法有以下几种。

（一）安全检查表法

安全检查表法即采用安全检查表，对项目中可能会存在安全隐患的因素进行经常性的检查，防患于未然。该方法是进行安全检查，发现潜在危险，督促各项安全法规、制度，以及标准是否被实施的一种比较有效的方法。它是劳动安全卫生与消防评估方法中最基本，也最有效的一种方法。

项目采用安全检查表法来进行劳动安全卫生与消防评估工作，需要参考同类项目以往事故的经验，结合拟建项目中的危险因素，确定需要进行安全检查的具体内容，编制安全检查表，如表 5-1 所示。

表 5-1　拟建项目安全检查表

序号	检查项目	检查内容	安全标准	检查结果	备注
1					
2					
...					

安全检查表的格式没有具体的规定，应该结合项目的具体特点进行安排。

（二）灾害模型评估法

灾害模型评估法是采用数学模型的方法，根据以往火灾类型的特点，通过科学合理的计算方法，得出不同火灾类型可能会对人员造成的伤害、对周围建筑物产生的破坏与损伤程度，以及财产的危害性与损失程度，进而有针对性地提出生产技术和管理安全防范措施与卫生保健措施。

根据火灾爆炸的不同类型常见的几种数学模型有蒸汽云爆炸模型、沸腾液体扩展蒸汽云爆炸模型和池火灾模型等。

（三）事故树评估法

事故树评估法也称作故障树评估法，它是采用演绎推理的方法，从某个需要分析的事故（顶上事件）开始，逐层分析每一层事件的发生原因，直到找出事故发生的基本原因（底事件）为止。采用这种方法分析，可以全面透彻地找出与事故有关的各种因素，

便于找出最恰当全面的安全应对措施。

（四）火灾、爆炸指数评估法

火灾、爆炸指数评估法是根据以往已经发生过的类似事故的统计资料，以及火灾爆炸的潜在能量和现行安全措施为依据，定量地对拟建项目的工艺装置及所其含物料的实际潜在火灾、爆炸和反应危险性进行分析评价，然后再对相关的安全措施对这种危险性的弥补作用进行分析评估。

采用火灾、爆炸指数评估法，在一定程度上，有助于对拟建项目发生潜在火灾、爆炸和反应性事故的预期损失进行量化分析，有助于确定可能会引起事故发生或使事故扩大的装备，有助于有关部门及时发现潜在的火灾、爆炸危险性，有助于有关人员及工程技术人员及时了解各工艺部门可能造成的损失和减少损失的途径，提前采取措施避免或降低损失。

练 习 题

1. 环境影响评估的内容有哪些？
2. 环境影响评估可以采用什么方法？
3. 劳动安全卫生与消防评估的方法有哪些？

第 六 章

投资项目资金估算

学习目标

1. 了解投资项目所需的总资金构成情况。
2. 理解项目各类资金的内容。
3. 掌握项目投资资金的详细估算方法。
4. 掌握项目投资资金的简单估算方法。

第一节 项目总投资构成

项目的总投资即从项目的前期准备开始至项目竣工开始投产为止这期间所需要的全部投资资金。常见的工业企业项目，在确定了未来要生产的产品产量即项目规模，并且确定了项目的工程方案以及所需的设备等之后，根据已经确定的相关资料条件来估算项目所需要的全部投资资金，同时还须根据项目的实施进度来估算项目每年所需的投资资金量。

项目的投资资金通常包含三部分：建设投资、建设期借款利息和流动资金。具体构成如图 6-1 所示。

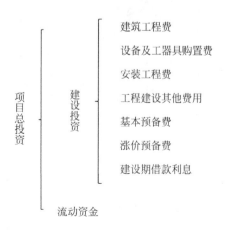

图 6-1 项目总投资构成

项目的总投资中的建设投资一般可以分为两部分：建设投资的静态部分和建设投资

的动态部分。其中，建筑工程费、设备及工器具购置费、安装工程费、工程建设的其他费用以及基本预备费是项目建设投资静态部分，其中建筑工程费、设备及工器具购置费和安装工程费通常会形成项目的固定资产，是项目的工程费用，也是大多数工业项目总投资中费用支出最多的一部分；而涨价预备费和建设期的借款利息则是项目建设投资的动态部分。

项目总投资资金的估算通常先从静态部分开始分别估算单位工程所需的建筑工程费、设备及工器具购置费、安装工程费，形成单项工程费用；然后汇总各单项工程费用，并估算项目工程建设其他费用和基本预备费，形成项目建设投资静态部分；之后再估算建设投资动态部分的涨价预备费和建设期借款利息，从而形成完整的项目建设投资；最后再估算出项目建设所需的流动资金，完成项目投资资金的估算。

第二节 项目建设投资资金估算

一、静态投资资金估算

项目的静态投资资金主要包括建筑工程费用、设备及工器具购置费用、安装工程费用、工程建设的其他费用以及基本预备费。

（一）建筑工程费用估算

建筑工程费用即项目为建造永久性和大型临时性建筑物与构筑物所需要支出的费用。常见的工业企业项目所需要建造的建筑物和构筑物一般包括以下类别：工业厂房、仓库、设备基础、工业窑炉、桥梁、码头、堤坝、隧道、涵洞、铁路、公路、管线铺设、水库、水坝等。

建筑工程投资估算常用的方法有以下三种。

1. 单位建筑工程投资估算法

建筑工程投资估算费用 =单位建筑工程量投资费用 ×建筑工程总量

如：一般工业厂房的建筑工程投资估算费用=单位房屋建筑面积所需资金×厂房总面积；工业窑炉砌筑所需的费用=单位容积所需费用×总容积。

2. 单位实物工程量投资估算法

建筑工程投资估算费用 =单位实物工程量投资费用×实物工程总量

如：工业项目建设的土石方工程投资费用=每立方米土石方工程量投资×土石方工程总量；路面铺设工程投资费用=每平方米工程投资×工程总量。

3. 概算指标投资估算法

建筑工程投资估算费用=单位工程概算指标×单位工程量×修正指数

这种方法把整个建设项目分别分解为单项工程、单位工程、分部工程和分项工程，一般适用于建筑工程费占总投资费用比例较高的项目，且项目资料比较详细，建筑材料价格和工程费用指标都可获得的情况；其投资估算精度较低。

（二）设备及工器具购置费用估算

设备及工器具购置费即项目所需的主要设备以及所有的工器具包括办公室的家具等服务设备在内的全部费用组成。

1. 设备购置费的估算

价值较大的设备通常根据其是从国内还是由国外采购的区分开来进行估算。

（1）项目所使用的设备如果是从国内采购的，则

设备购置费=设备原价+设备运杂费

设备原价一般指的是购买设备本身需要支出的货价。

如果设备是从国内采购的标准设备，设备原价即设备的出厂价格；如果企业和设备供应企业签订有合作协议，则设备原价采用协议上规定的合同价格。

如果设备不是从国内采购的标准设备，而是由于项目特殊需要而重新设计，委托机械制造厂加工制造或施工企业在工厂制造或施工现场加工的非标准化设备，则设备的原价需要根据设备的类型、材质、结构、重量等逐台计算，常见的估算方法有成本分解法、分部组合估价法、定额估价法等。

设备运杂费包括设备从供应商到项目生产所在地途中发生的所有运输费、装卸费、供销手续费和仓库保管费等。

设备运杂费=设备原价×运杂费率

运杂费率即运杂费占设备原价的百分比，一般根据设备供应商到项目生产所在地的距离、供货方式、运输方式等综合考虑决定。

（2）如果设备是从国外进口的，则

设备购置费=进口设备货价+进口从属费用+国内运杂费

在估算进口设备购置费时，应该首先估算设备的货价。在国际贸易中，根据交货方式的不同，常见的交货价主要有三种形式：一是离岸价格（FOB），采取离岸价格时，买方还需要支付由出口国到进口国港口的运输费和运输保险费，并承担运输途中的风险。二是离岸价格加运输费，这种情况下买方依然需要支付运输保险费，卖方支付运输费用，但这个费用往往会被直接加进货价。三是到岸价格（CIF），即设备到达进口国港口的价格，一般包括离岸价格、运输费用和运输保险费用。所以设备购置费的具体估算如下所示。

① 进口设备货价=到岸价格(CIF)=离岸价+国外运费+国外运输保险费

国外运费=离岸价×国外运费率=单位运费×运输重量

国外运输保险费=（离岸价+国外运费）×国外运输保险费费率

需要注意的是，如果从国外引进价值较高的成套设备，按国际惯例，欧美国家供应的设备一般可以在其报价基础上下浮15%左右引进设备，日韩等国的设备价格下浮幅度会更大一点。

国外运输保险费费率通常根据设备的价值和运输距离而定，可向外贸部门调查获得；国外运输保险费费率一般根据设备价值、类型及易耗程度而定，可通过外贸、海关和保险公司等部门调查获得。

② 进口从属费用一般包括"三税三费"，即进口关税、进口设备增值税、进口设备消费税和外贸手续费、银行财务费、海关监管手续费。

进口关税=进口设备到岸价×人民币外汇牌价×进口关税率

进口设备消费税=（到岸价+关税）÷（1-消费税税率）×消费税税率

进口设备增值税=（进口设备到岸价×人民币外汇牌价+进口关税+消费税）×增值税率

外贸手续费=进口设备到岸价×人民币外汇牌价×外贸手续费率

银行财务费=进口设备到岸价×人民币外汇牌价×银行财务费率

海关监管手续费=进口设备到岸价×人民币外汇牌价×海关监管手续费率

由于进口设备的价值、类型、技术等有所区别以及国家的相关政策规定，引进设备所需要缴纳的税费也是不一样的，有些税费是不用征收的，所以应当根据设备的实际情况来估算其进口从属费用。

③ 国内运杂费即进口设备由进口国港口运输至项目建设所在地途中所发生的运输费、运输保险费、装卸费、包装费、供销部门手续费和仓库保管费等内容。估算方法与国内设备的运杂费相同。

国内设备运杂费=设备原价×国内运杂费费率

2．工器具及其他服务设备的购置费估算

项目使用的工器具种类比较繁杂，且单件工器具的费用一般都不是太多，一件一件地进行计算需要耗费大量的时间，所以工器具的费用一般是在项目主要设备的购置费的基础上测算的。

工器具及其他服务设备购置费=设备购置费×定额费率

定额费率一般由行业主管部门规定，即工器具及其他服务设备购置费占设备购置费的百分比。

（三）安装工程费用估算

安装工程费用即安装项目所需的各种机械设备所要支出的费用，一般应该按照行业主管部门或专业机构发布的安装工程定额、相关费率以及概算指标进行估算。常用的估算方法有以下三种。

（1）设备价值百分比法。这种方法适用于价格变化较小的设备和通用的标准设备的安装工程费用估算。

设备安装工程费=设备价格×安装费率（即安装工程费占设备价格的百分比）

（2）综合吨位指标法。该方法适用于价格变化较大的非标准设备和从国外采购引进的设备的安装工程费用估算。

设备安装工程费=设备重量（吨）×每吨设备安装费

（3）工程实物量估算法。该方法适用于工业锅炉等一些按台、套、座等计量单位计算的设备以及按安装面积估算的设备的安装工程费用估算。

设备安装工程费=单位工程量安装费用×安装工程实物总量

（四）工程建设其他费用估算

除了建筑工程费、设备及工器具购置费和安装工程费之外，项目的工程建设还需要支出其他的各种费用，如图 6-2 所示。

工
程
建
设
其
他
费
用

土地使用费

建设单位管理费

研究试验费

勘察设计费

建设单位临时设施费

工程建设监理费

工程保险费

施工机构迁移费

联合试运转费

生产职工培训费

其他费用等

图 6-2　工程建设其他费用

不同行业的项目不同时间的项目所涉及的工程建设其他费用的具体内容也有所不同，其相关费率标准也不一样，因此，针对工程建设其他费用的投资估算应该根据项目的特点以及当时相关部门的规定再实际估算。常见的几种费用的估算方法如下所示。

1．土地使用费

如果项目使用的土地是通过划拨方式取得无限期的土地使用权，则依土地管理法等规定所支付费用。例如三峡大坝所使用的土地。这类土地使用费的内容包括：

- 土地补偿费：如果征用耕地、菜地，补偿费为该耕地年产值的 3～6 倍；
- 青苗补偿费和被征用土地上的房屋、水井、树木等附着物补偿费；
- 安置补助费：如果征用耕地、菜地的，每人安置补助费为该地每亩年产值的 2～3 倍。

此外，还包括耕地占用税，土地使用税，土地登记费，征地管理费，征地动迁费，迁建补偿费，搬迁运输费，企业单位因搬迁造成的减产、停工损补贴费，拆迁管理费，水利水电工程水库淹没处理补偿费等。

如果项目使用的土地是有时间期限的，项目向国家支付土地使用权出让金的方式获得土地的，如一般的工业企业项目、房地产项目、教育项目等，其土地的出让通常采用协议、招标、公开拍卖等方式获得，则土地使用费即为协议、招标、公开拍卖形成的价格。

2. 建设单位管理费

建设单位管理费，即指建设单位从项目开工时起直到项目建设完工之日为止期间所发生的全部属于管理性质的费用开支。该类费用根据项目投资总额度的不同规模分档计算，具体计算方法与我国个人所得税的计算方法相似。

【例6.1】　某项目的工程总投资额度为8 000万元，假如工程总投资额度在1 000万元的管理费费率为1.5%，在1 001万元到5 000万元之间为1.2%，在5 001万元到1亿元之间为1%，则其管理费如下计算：

1 000×1.5%+（5 000−1 000）×1.2%+（8 000−5 000）×1%=15+48+30=93（万元）

3. 研究试验费

研究试验费即项目前期研究工作所需要支付的相关费用，这类费用需要根据国家的政策规定，依照项目总投资额度的大小分档设定费用额度，同时在此基础上根据项目工程的复杂度进行一定的调整，工程较复杂的调高费用，工程较简单的则调低费用。

（五）基本预备费估算

在项目的可行性研究阶段，由于很难准确预料项目未来的实际建设会发生的实际状况，因此，往往在实际建设中，项目的工程建设费用经常会由于设计图的变更、项目施工量的增加及自然灾害等意外状况的发生而有所增加，为了保障项目的正常建设，需要在项目投资估算时提前预留的费用即基本预备费。

基本预备费的估算需要在建筑工程费、设备及工器具购置费、安装工程费和工程建设其他费用之和的基础上进行。

基本预备费=（建筑工程费+设备及工器具购置费+安装工程费+工程建设其他费用）×基本预备费率

基本预备费率的具体标准由行业主管部门规定，不同的时间会有所区别，需要根据项目当时公布的基本预备费率取值。

二、动态建设投资费用估算

（一）涨价预备费估算

如果项目的建设周期比较长，在建设期内由于价格的上涨而导致投资增加需要提前留的费用即涨价预备费。在一般情况下，建设期时间越长，项目就越有可能因为通货膨胀、利率、费率、汇率的变化而导致其所需要的原材料、人工、燃料等物料的价格上涨，最终引起项目的投资费用增加。

涨价预备费的计算公式为

$$PC = \sum_{t=1}^{n} I_t \left[(1+f)^t - 1 \right]$$

其中：PC 为涨价预备费；I_t 为第 t 年的静态投资额；f 为建设期价格平均上涨比率；n 为建设期。

如果项目建设期内第一年的价格上涨指数不一样的话，则计算公式为

$$PC = I_1 f_1 + I_2 \left[(1+f_1)(1+f_2) - 1 \right] + I_3 \left[(1+f_1)(1+f_2)(1+f_3) - 1 \right] + \cdots$$

其中，PC 为涨价预备费；I_1、I_2、I_3 分别为第 1、第 2、第 3 年的静态投资额；f_1、f_2、f_3 分别为建设期价格平均上涨比率。

【例 6.2】 某项目的工程费用为 30 000 万元，按项目进度计划，项目建设期为 3 年，分年的工程费用比例为第一年 30%，第二年 50%，第三年 20%，建设期内年平均价格上涨指数为 5%，则该项目的涨价预备费为多少万元？

解：第一年工程费用：$I_1 = 30\,000 \times 30\% = 9\,000$（万元）

第一年涨价预备费：

$PC_1 = I_1[(1+f) - 1] = 9\,000 \times [(1+5\%) - 1] = 450$（万元）

第二年工程费用：$I_2 = 30\,000 \times 50\% = 15\,000$（万元）

第二年涨价预备费：

$PC_2 = I_2[(1+f)^2 - 1] = 15\,000 \times [(1+5\%)^2 - 1] = 1\,537.5$（万元）

第三年工程费用：$I_3 = 30\,000 \times 20\% = 6\,000$（万元）

第三年涨价预备费：

$PC_3 = I_3[(1+f)^3 - 1] = 6\,000 \times [(1+5\%)^3 - 1] = 945.75$（万元）

该项目的涨价预备费为

$PC = PC_1 + PC_2 + PC_3 = 450 + 1\,537.5 + 945.75 = 2\,933.25$（万元）

（二）建设期借款利息估算

如果项目在融资中采用债务融资，则需要估算其债务资金在建设期内的利息。常见的工业企业项目，一般不要求其在建设期内偿还债务利息，而是直到项目投产后才开始偿还，但在此期间利息照计，银行一般会采用有效年利率按照复利的方式计息。

由于项目的债务资金支用具体时间并不完全一致，因此，为了简化计算，一般假设项目债务资金均在每年年中时期支用，因此项目建设期借款利息的估算公式为

各年应计利息=(年初借款本息累计＋1/2×本年借款额)×有效利率

如果一年计息次数超过一次，则公布的年利率为名义利率，有效利率大于名义利率，有效利率的计算公式为

$$r = \left(1 + \frac{i}{m}\right)^m - 1$$

其中：r 为有效年利率；i 为名义年利率；m 为每年计息次数。

【例 6.3】 某投资项目总投资估算为 5 000 万元，其中 30%为自有资金，其余为固定资产投资借款，借款年利率为 6%，每年计息两次，项目建设期限三年，按建设进度分别投入 50%、30%、20%。试计算建设期利息。

解：固定资产投资借款总额：5 000×(1-30%)=3 500（万元）

第一年借款额=3 500×50%=1 750（万元）

第二年借款额=3 500×30%=1 050（万元）

第三年借款额=3 500×20%=700（万元）

有效利率：$r = \left(1 + \dfrac{i}{m}\right)^m - 1 = \left(1 + \dfrac{6\%}{2}\right)^2 - 1 = 6.09\%$

第一年利息：(1 750/2)×6.09%=53.29（万元）

第二年利息：(1 750+53.29+1 050/2)×6.09%=141.79（万元）

第三年利息：(1 750+53.29+1 050+141.79+700/2)×6.09%
　　　　　　=203.72（万元）

则建设期利息=53.29+141.79+203.72=398.80（万元）

三、几种简单的估算方法

（一）单位生产能力估算法

基本思想：性质相似项目之间的投资额有一定的关系，因此根据以前已建成性质类似的建设项目的单位生产能力投资额乘以拟建项目的生产能力，进而估算出拟建项目的投资额。该方法将项目的建设投资与其生产能力的关系视为简单的线性关系。

计算公式为

$$Y_2 = \frac{Y_1}{X_1} \times X_2 \times CF$$

其中：X_1 为已知项目的生产能力；Y_1 为已知项目的投资额；X_2 为拟建项目的生产能力；Y_2 为拟建设项目的投资额；CF 为不同时期、不同地点的定额、单价、费用变更等的综合调整系数。

这种估算方法十分简单迅速，但是估算精度较差。

【例6.4】 已知2005年建设污水处理能力10万立方米/日的污水处理厂的建设投资为16 000万元，2013年拟建污水处理能力16万立方米/日的污水处理厂一座，工程建设条件与2005年已建项目非常相似，综合调整系数为1.25，试估算该拟建项目的建设规模。

解：$Y_2 = \dfrac{Y_1}{X_1} \times X_2 \times CF = \dfrac{16\ 000}{10} \times 16 \times 1.25 = 32\ 000（万元）$

（二）生产能力指数估算法

基本思想：这种方法与单位生产能力估算法非常相似，也是根据已建成的、性质类似的建设项目或生产装置的投资额和生产能力来估算拟建项目的投资额。该方法将项目的建设投资与其生产能力的关系视为非线性关系。

计算公式为

$$Y_2 = Y_1 \times \left(\frac{X_2}{X_1}\right)^n \times CF$$

其中：Y_2 为拟建项目投资额；Y_1 为已经建成的同类项目的实际投资额；X_2 为拟建项目的生产能力；X_1 为已经建成的同类项目的生产能力；CF 为综合调整系数；n 为生产能力指数($0 \leqslant n \leqslant 0$)。

该种估算方法相比单位生产估算法，其精度要更加精确，但是使用此方法时，拟建项目与已建同类项目之间的生产能力相差不宜超过 50 倍。在同行业中，如果拟建项目与已建同类项目相比，主要是通过增加设备或装置、规格来扩大规模，n 为 0.6～0.7；如果拟建项目是通过增加相同设备数量来扩大生产规模时，则 n 为 0.8～0.9；如果是高温高压的项目，则 n 为 0.3～0.5。

【例 6.5】 已有一个年产量 80 万吨的钢铁厂，其设备投资额为 7 200 万元，某企业拟建设生产一个 120 万吨的钢铁厂，工程条件和上述装置类似，生产能力指数 $n=0.6$，综合调整系数 $CF=1.2$。用生产能力指数法估算该设备的投资额为多少？

解：$\begin{aligned} Y_2 &= Y_1 \times (X_2 / X_1)^n \times CF \\ &= 7\,200 \times (120/80)^{0.6} \times 1.2 \\ &= 11\,020(万元) \end{aligned}$

（三）比例估算法

基本思想：根据统计资料，先求出已有同类企业主要设备投资占全厂静态建设投资的比例，然后再估算出拟建项目主要设备的投资额，则可按比例求出拟建项目的静态建设投资。

计算公式为

$$I = \frac{Q}{K}$$

其中：I 为拟建项目的静态建设投资额；Q 为拟建项目的主要设备的投资额；K 为已建同类项目的主要设备投资额占其静态建设投资额的比例系数。

（四）设备费用百分比估算法

基本思想：根据已有的类似项目的统计资料可以发现，主要设备与其他辅助设备之间，往往存在一定的比例关系;设备购置费与建筑工程费及安装工程费之间都存在一定的比例关系。因此，可以通过这种关系来估算出项目的投资额。

计算公式为

$$C = E(1 + f_1 P_1 + f_2 P_2) + I$$

其中：C 为拟建项目的建设投资；E 为根据设备清单按现行价格计算的设备费（包括运杂费）的总和；P_1，P_2 分别为已建成项目中的建筑工程费用、安装工程费用分别占设备费的百分比；f_1，f_2 分别为由时间因素引起的定额、价格、费用标准等变化的综合调整系数；I 为拟建项目的其他费用。

【例 6.6】 某拟建项目设备购置费为 12 000 万元，根据已建同类项目统计资料，建筑工程费占设备购置费的 25%，安装工程费占设备购置费的 8%，该拟建项目的其他有关费用估计为 2 200 万元，调整系数 f_1 为 1.1，f_2 为 1.2，用设备成本百分比法估算该项目的建设投资。

解：$C = E(1 + f_1 P_1 + f_2 P_2) + I$

$\quad = 12\,000 \times (1 + 1.1 \times 25\% + 1.2 \times 8\%) + 2\,200$

$\quad = 18\,652$ （万元）

（五）资金周转率法

基本思想：同行业的类似项目之间的资金周转率一般较为接近，而资金周转率与投资额之间有着一定的关系。

资金周转率=年销售总额/投资额=（产品的年产量×产品单价）/投资额

因此，

投资额=（产品的年产量×产品单价）/资金周转率

这种方法十分简单，非常容易计算，数据也比较容易获得，但精确度相对较低。一般适用项目的机会研究及初步可行性研究阶段，这两个阶段对投资估算的精度要求不高。

第三节 项目流动资金估算

一、分项详细估算法

分项详细估算法即分别估算出项目的流动资产和流动负债的各项费用构成，在此基础上，再估算出流动资金。这种方法计算比较麻烦，但估算精度较好，适用于项目在详细可行性研究及项目评估阶段。

（一）流动资金构成

流动资金是指在工业项目投产前预先支付的用于购买生产与经营过程中所需要的原材料、燃料动力、零部件、支付工资等费用，以及生产中的在制品、半成品、产成品占用的周转资金。

具体来讲，流动资金的构成如图 6-3 所示。

$$流动资金 \begin{cases} 储备资金 \\ 生产资金 \\ 产成品资金 \\ 结算资金 \\ 货币资金 \end{cases}$$

图 6-3 流动资金的构成

其中，储备资金即指储备的各种原材料、燃料、包装材料、委托加工的材料和在途材料等占有的资金；生产资金即在生产的各项在产品、半成品和待摊费用所占用的资金；

成品资金即库存准备销售的产成品所占用的资金；结算及货币资金即发出商品或购买商品所占用的资金及现金和银行存款。

在项目评估中所需要估算的流动资金，是指伴随固定资产投资而发生的永久性流动资产投资，等于项目投产后所需全部流动资产扣除流动负债之后的余额。计算公式为

$$流动资金 = 流动资产 - 流动负债$$
$$= (现金 + 应收账款 + 预付账款 + 存货) - (应付账款 + 预收账款)$$

（二）流动资产的估算

这种估算方法的重点在于每一项费用都需要考虑其在企业的周转速度，存货、现金、应收账款、预收账款、应付账款和预付账款都需要计算出其周转次数（周转率）。计算公式为

$$周转次数 = 360 \text{ 天}/周转天数$$

一般而言，各种资产的周转天数可以参照行业类似企业的平均周转天数，或按部门行业规定估算。

具体各个项目的估算如下所示。

（1）现金的估算。现金即指停留于货币形态的那一部分资金，包括企业库存现金和银行存款。

$$现金需求量 = \frac{年员工工资和福利费用 + 年其他零星开支}{现金周转率}$$

年其他零星开支=制造费用+管理费用+销售费用+财务费用-（以上四项费用中所含的工资及福利费、折旧费、维护费、摊销费、修理费）

（2）应收（预付）账款的估算。企业已对外销售商品、提供劳务尚未收回的资金，包括很多科目，在项目评估时，只计算应收销售款。

$$应收账款占用量 = \frac{年销售收入}{应收账款周转率}$$

（3）存货的估算。存货占用量=外购原材料占用量+外购燃料占用量+在产品占用量+产成品占用量

$$外购原材料占用量 = \frac{年外购原材料}{外购原材料周转率}$$

$$外购燃料占用量 = \frac{年外购燃料}{外购燃料周转率}$$

在产品占用量

$$= \frac{年外购原材料 + 年外购燃料及动力 + 年工资及福利费 + 年修理费 + 年其他制造费}{在产品周转率}$$

$$产成品占用量 = \frac{年销售成本 - 年其他营业费用}{产成品周转率}$$

（三）流动负债的估算

流动负债是指在一年（含一年）或者超过一年的一个营业周期内，需要偿还的各种

债务。项目评估时一般只考虑应付账款和预收账款。

$$应付账款 = \frac{年外购原材料、燃料及动力和其他材料费用}{应付账款周转次数}$$

$$预收账款 = \frac{年预收营业收入}{预收账款周转次数}$$

【例6.7】 某拟建项目年销售收入估算为25 000万元；存货资金占用估算为5 650万元；全部职工人数为1 500人，每人每年工资及福利费估算为45 000元；年其他零星开支估算为1 600万元；年外购原材料、燃料及动力费为13 600万元。各项资金的周转期分别为：应收账款周转期是20天，现金周转期是16天，应付账款周转期是25天。请估算该项目的流动资金。

解：流动资金=流动资产-流动负债

(1) 流动资产 = 应收账款 + 存货 + 现金

$$= \frac{年销售收入}{应收账款周转次数} + 5\ 650 + \frac{年工资及福利费+年其他费用}{现金周转次数}$$

$$= \frac{25\ 000}{360/20} + 5\ 650 + \frac{45\ 000 \times 1\ 500/10^4 + 1\ 600}{360/16}$$

$$= 1\ 388.89 + 5\ 650 + 371.11$$

$$= 7\ 410(万元)$$

(2) 流动负债=应付账款

$$= \frac{年外购原材料、燃料及动力和其他材料费用}{应付账款周转次数}$$

$$= \frac{13\ 600}{360/25} = 944.44(万元)$$

(3) 流动资金 = 7 410 - 944.44 = 6 465.56(万元)

(四)铺底流动资金

铺底流动资金是项目投产初期所需要的，主要作用是为了保证项目建成后在试运转阶段所必需的流动资金的需求。

据国家现行规定，新建、扩建和技术改造项目，必须将项目建成投产后所需的铺底流动资金列入投资计划，这部分资金必须由项目的自有资金解决。铺底流动资金不落实的项目，国家将不予批准立项，银行也将不予提供贷款。

$$铺底流动资金=流动资金×30\%$$

铺底流动资金是计算项目资本金的重要依据，也是国家控制项目投资规模的重要指标。根据国家现行规定，国家控制投资规模的项目总投资包括固定资产投资和铺底流动资金，并在此基础上计算项目资本金比例。

项目总投资（控制规模的总投资）=建设投资+铺底流动资金

二、扩大指标估算法

扩大指标估算法是指按流动资金占某种费用的比率来估算流动资金。根据其他的类似企业的资金率，用某种费用与其费用资金率相乘得到流动资金的数额。常用的计算公式为

$$年流动资金=年销售收入×销售收入资金率$$
$$年流动资金=年经营成本×经营成本资金率$$
$$年流动资金=年固定资产投资×固定资产资金率$$
$$年流动资金=年产量×单位产品资金率$$

扩大指标估算法与分项详细估算法相比更加简单易算，但是估算精度较差，因此，一般只适用于项目机会研究和初步可行性研究阶段或小型投资项目的流动资金估算。

第四节　项目总资金与年度资金估算评估

一、项目总资金估算

项目的总投资资金需要在之前各项资金估算的基础上进行汇总计算得到，如表 6-1 所示。

表 6-1　项目总投资资金汇总表

单位：万元

序号	费用构成	资金额	占总资金比重	备注
1	建设投资			
1.1	建设投资静态部分			
1.1.1	建筑工程费用			
1.1.2	设备及工器具购置费			
1.1.3	安装工程费用			
1.1.4	工程建设其他费用			
1.1.5	基本预备费			
1.2	建设投资动态部分			
1.2.1	涨价预备费			
1.2.2	建设期借款利息			
2	流动资金			
3	项目总投资资金			

二、项目年度资金估算

估算出项目的总投资资金后，应该根据项目实施进度的具体安排，详细分析项目计划在每一年度要完成的具体工作所需要的资金，进而编制项目的年度资金投入计划表，如表 6-2 所示。

表 6-2 项目年度资金计划估算表

单位：万元

序号	费用构成	计算期			
		第 1 年	第 2 年	…	第 n 年
1	建设投资				
1.1	建设投资静态部分				
1.1.1	建筑工程费用				
1.1.2	设备及工器具购置费				
1.1.3	安装工程费用				
1.1.4	工程建设其他费用				
1.1.5	基本预备费				
1.2	建设投资动态部分				
1.2.1	涨价预备费				
1.2.2	建设期借款利息				
2	流动资金				
3	项目投入总资金				

练 习 题

1．项目的投资资金由哪几部分构成？

2．如何估算项目的建筑工程费？

3．什么是基本预备费？什么是涨价预备费？二者的区别在哪里？

4．如何估算国内设备的购置费？国外设备的购置费呢？

5．某项目的工程建设投资费用为 5 000 万元，按项目进度计划，项目建设期为 4 年，每年的工程费用比例为第一年 40%，第二年 30%，第三年 20%，第四年 10%，如果项目在建设期内年的平均价格上涨指数为 5%，则该项目的涨价预备费为多少万元？

6．某投资项目总投资估算为 4 500 万元，其中 40% 为自有资金，其余为固定资产投资借款，借款年利率为 8%，每年计息两次，项目建设期限三年，按建设进度分别投入 40%、30%、30%。试计算项目建设期借款利息。

7．某拟建项目全年存货估算为 9 000 万元；全部职工每年工资及福利费估算为 1 050 万元；年其他零星开支估算为 500 万元；每年的销售收入为 2 000 万元；年外购原材料、燃料及动力产生的应付账款总额为 1 268 万元。各项资金的周转天数为：应收账款为 20 天，现金为 25 天，应付账款为 25 天，存货周转期为 30 天。请估算该项目的流动资金。

8．某个集团公司计划建设一个新项目，该项目的主要建筑工程如下所示。

（1）主体工程建筑面积 638 平方米，单位建筑投资资金拟为 2 300 元；辅助工程建筑面积 309 平方米，单位建筑投资资金拟为 2 080 元；施工过程中土石方工程量为 860 立方米，单位投资资金拟为 850 元；场区铺设工程量为 1 050 立方米，单位投资资金拟为 680 元。

（2）该项目拟从国外进口两套机电设备，重量为 1 500 吨，国外装运港价格为 400 万美元。其他有关费用标准为：国外运费为 360 美元/吨，海上运输保险费率为 0.266%，银行财务费率为 0.5%,海关监管手续费为 0.3%,外贸手续费率为 1.5%,关税税率为 22%,增值税税率为 17%。美元和人民币间的汇率为 6.54,设备的国内运杂费率为 2.5%。

另外,从国内一合作的机械工厂购入 3 台标准设备,每台设备的合同价格为 250 万元,国内运杂费率为 2.5%。

工器具及服务设备的定额费率为 13%。

(3)当前国内的设备安装费费率一般为 0.5%,其他设备每吨的安装费为 120 元,通风照明等设备的单位安装费为 460 元,安装面积为 980 平方米。

(4)该项目的其他工程建设费用预计为 320 万元。

(5)该行业当前的基本预备费费率为 6%。

(6)该项目预计建设期为三年,建设进度分别为 30%、45%、25%。预计未来第一年的价格上涨指数为 3.5%,第二年为 4%,第三年为 5%。

(7)该项目的全部静态建设投资资金中的 40%由项目自有资金构成,其余从银行贷款获得。银行贷款年利率为 10%。

(8)该项目未来计划年产量为 250 万件,每件产品 35 元,年销售产品产生的应收账款总额预计为 400 万元;全年员工的工资福利费用支出总额为 950 万元,年其他零星开支 150 万元;每年外购的原材料、燃料及动力费总额为 2 800 万元。各项资金的周转天数为:应收账款为 20 天、现金为 15 天、应付账款为 25 天、存货周转期为 40 天。

请估算该项目的总投资资金。

第 七 章

项目融资方案评估

学习目标

1. 了解项目的融资目标与融资组织形式。
2. 理解项目筹措资金的来源。
3. 了解常见的几种融资模式。
4. 掌握项目的融资成本的计算方法。
5. 掌握项目融资结构及风险的分析方法。

第一节　项目融资目标与融资主体评估

一、项目融资目标

融资方案分析评估一般是在项目投资估算的资金总用量的基础上，分析项目建设资金和流动资金的来源渠道及筹措方式，明确项目融资主体，设定初步融资方案。

通过对项目初步融资方案的资本结构、融资成本、融资风险等方面的合理性和可靠性的分析论证，结合融资后财务分析评估，比选和优化拟订的初步融资方案，从中选择资金获取方便、融资方式合适、资金来源来靠、融资结构合理、融资成本最低和融资风险最低的方案。

二、项目融资主体

项目的融资工作由项目融资主体负责，项目的融资主体是指需要承担项目融资活动，同时承担融资责任和融资风险的项目法人单位。一般工业企业项目的融资主体通常可以分为两类：新设项目法人和既有项目法人。根据不同的项目融资主体分类，项目融资方式可以分为：项目融资和公司融资。项目融资即新设项目法人融资，公司融资即既有项目法人融资。

既有项目法人融资（公司融资)形式的特点有以下三方面。

(1) 项目由既有法人组织融资并承担融资责任和风险。

(2) 项目依托既有法人的资产和信用，形成增量资产。

(3) 项目从既有法人的整体财务状况考察偿债能力。

新设项目法人融资（项目融资）形式的特点如下。

（1）项目投资资金由新设项目法人筹集的资本金和债务资金构成。

（2）项目由新设项目法人承担融资责任和债务融资风险。

（3）从项目投产后的经济效益考察偿债能力。

第二节　项目资金来源分析评估

如果一个项目需要 1 亿元的资金，如何才能筹集到这些资金呢？

一、项目资金的筹措渠道

常见的资金筹措的来源渠道主要有以下几种：项目法人的自有资金、政府财政性资金、银行等金融机构的信贷资金、证券市场的资金、境外企业机构，以及个人投资的资金、国内外企业机构或个人捐赠的资金。

项目全部的投资资金可以根据资金的性质分为两类：自有资金和债务资金。

二、项目债务资金的来源渠道与筹措方式

项目的债务资金是指企业需要按规定到期偿还本金和利息的资金。

项目资金中的债务资金一般可以通过信贷融资、债券融资、融资租赁这三种方式筹措。

（一）信贷融资

信贷融资是指项目根据自身的需求，向银行或非银行的金融机构申请贷款来筹措资金。可以提供贷款的机构一般包括国内外商业银行、国家政策性银行、国际金融组织（世界银行或亚洲开发银行等）、出口信贷公司、信托投资公司等，如果贷款数额较大，则可以由多家银行组成银团，共同提供贷款。采用此方式融资须说明拟提供贷款的机构及其贷款条件，包括支付方式、贷款期限、贷款利率、还本付息方式及其他附加条件等。信贷融资适用于任何项目。

信贷融资筹措到的贷款按时间期限划分，可分为短期贷款、中长期贷款和长期贷款；按有无担保分类，可分为信用贷款和担保贷款；按资金来源，可分为政策性银行贷款、商业银行贷款、保险公司贷款等。

项目通过信贷融资的方式筹措资金，具有以下优点。

第一，向银行或非银行的金融机构申请借款所需时间一般较短，如果申请通过，获取资金的速度也比较快。

第二，金融机构提供的借款品种较多，项目可以根据自身的特点和实际需要选择最合适的种类。

第三，通过信贷融资筹措资金的资金成本一般较低，企业取得借款的成本低于权益资金，也不用支付数额庞大的发行费用，利息还有抵税的作用。

第四，项目执行主体可以与银行直接接触，共同协商借款的金额、期限和利率，灵

活性较大。

项目通过信贷融资的方式筹措资金，具有以下一些缺点。

首先，金融机构提供的借款数额是有限度的，不可能像发行债券或发行股票那样一次性筹集大量资金。

其次，金融机构提供的借款必须按期归还，如果到期不能归还，企业可能会陷入财务困境，财务风险较大。

最后，借款合同中金融机构通常会提出较多的限制条款，这会影响企业具体的筹资、投资活动。

此外，对中小企业尤其是小微企业而言，向银行申请贷款，并获得贷款一般并不是一件容易的事情。

（二）债券融资

债券融资是指项目法人以自身的财务状况和信用条件为基础，通过发行企业债券来筹集资金，用于项目建设投资的方式。债券融资往往适用于资金需求大、偿债能力较强的项目。

通过发行债券来筹措资金，有以下优点。

第一，企业发行债券的利率往往高于存款利率，投资人可按期收取本金和利息，投资风险比较小，投资人也愿意投资债券，因此，利用债券融资较为容易。

第二，通过发行债券来筹措资金，其所需支付的利息比较固定，而且可在税前列支，具有财务杠杆作用。

第三，发行债券筹措的资金数额也比较多，但不会像增发新股那样分散股东的控制权。

第四，与发行股票筹资的方式相比，发行债券的发行费用较低。

通过发行债券来筹措资金的缺点如下。

第一，与信贷融资一样，发行债券筹措资金也要承担按期还本付息的义务。

第二，发行债券的数额较高的话，其财务风险也会比较大。

第三，与向金融机构借款相比，发行债券的筹资费用更高，且手续复杂，对于发行企业的限制条款也比较多。

（三）融资租赁

融资租赁是指资产拥有者（融资租赁公司）将资产（设备）租给承租人（项目主体）在一定时期内使用，由承租人分期支付租赁费用获得资产的使用权，到期根据资产的残余价值和双方的合同来决定如何处理资产的融资方式。

融资租赁业务近年在中国发展得很快，对企业来说，它是一种新兴的债务资金筹集的方式，一般适用于急需机器设备等价值较高的固定资产，但自行购买资金又不足的项目。

采用融资租赁的方式来筹措资金，其具有一些其他融资方式所不具有的特点。首先，出租的设备由承租企业提出，由其向融资租赁方要求购买或者由承租企业直接从制造商或销售商那里选定，再由融资租赁方支付。形式比较多样化。其次，由于融资租赁的对象通常是固定资产，所以融资租赁的合同期一般都比较长，往往接近于资产的有效使用期。再次，采用这种方式购买的设备，一般由承租企业来负责设备的维修、保养和保险。最后，当租赁期满时，融资租赁双方需要按照事先约定的方法来处理设备，包括退还租赁公司、继续租赁、企业留购或由融资租赁公司送给企业等。

融资租赁业务一般比较适用于中小企业，主要是因为它具备以下优点。

第一，融资租赁的限制条件少，比其他筹措资金的方式都更容易。

第二，承租企业不需要事先一次性支付全部设备价款就能引进或购买所需要的先进技术设备，降低了设备采购的资金门槛。

第三，这种筹措资金的方式，实质上是融资与融物互相结合，缺少资金的企业可以及时引进和购买设备，减少企业直接购买的中间环节和费用，给企业提供了更多便利。

三、项目资本金的来源渠道与筹措方式

项目的资本金也称为注册资本，是指在建设项目的全部投资资金中，由项目投资者投入项目的资金。项目的自有资金投资者通常要根据其出资的比例获得项目的所有权、控制权、收益的分享权及公司的经营管理参与权。项目的自有资金投资者可以转让其出资，但是不能以任何方式抽回资金。

投资者可以直接用现金货币出资，也可以用实物、工业产权、土地使用权、资源开采权等作价出资。其中工业产权和非专利技术作价出资所占资本金的比例一般不能超出项目全部资本金总额的 20%，在特殊情况下，部分高新技术企业可以达到 35%以上。

项目的自有资金一般可以通过投资者直接投资、发行普通股、发行优先股及企业内部积累等方式筹集。

（一）发行普通股

在一般情况下，达到上市条件的公司可以通过 IPO 向社公众公开发行普通股股票的方式来筹措资金。此外，对于已经上市的公司也可以通过增发新股来筹措更多的资金。普通股通常指那些在股利和破产清算方面不具任何特殊优先权的股票。普通股股份是公司最基本的所有权单位，公司章程必须说明公司额定发行的普通股股份数。

通过发行普通股股票筹措资金的优点有以下几个方面。

第一，通过发行普通股筹措到的资金是公司的永久性资本，通过普通股融资能够稳定公司的资金流动。

第二，通过发行普通股筹措到的资金能够作为其他融资方式的基础，尤其是可为债权人提供保障。

第三，通过发行普通股筹措到的资金不需要企业归还，因此，不会构成公司固定的财务负担，给公司带来的财务风险小。

第四，采用普通股融资的方式容易筹集资金，筹资速度快，筹集的资金数额也相对较大。

但是通过发行普通股股票来筹措资金，也有一些缺点。

第一，通过发行股票来融资，其资金的资金成本往往较高。同时，支付给普通股股东的股利用税后利润支付，不像债务利息有抵税作用。

第二，增发普通股股票来筹措资金会使股权分散，股价下跌，新股东坐享收益，对原股东利益构成侵害。

第三，发行普通股股票来融资只适用于达到上市要求的公司及上市公司，通常具有较高的门槛，同时企业上市后还须接受证券市场各方面的监管，披露企业的相关信息。

（二）发行优先股

公司的优先股是相对于普通股而言的，是指在分配公司收益和剩余财产时享有优先权的股票。优先股与普通股相比，一般不上市流通，股东不能参与公司的经营管理，也不能要求退股，只能通过优先股的赎回条款被公司赎回。公司发行优先股，往往需要支付给优先股股东固定的股息，不受公司盈利的影响。

通过发行优先股股票来筹措资金有以下几个优点。

第一，通过发行优先股筹措资金，与普通股一样筹措到的是公司的权益资金，可增强公司实力和对外举债的能力。

第二，优先股股息一般是固定的，在公司盈利不足无法支付股息时，优先股股东不能要求公司破产付息，财务负担相对较轻。

第三，通过发行优先股筹措到的资金没有到期日，财务风险较小。

第四，优先股股东一般无投票权，因此不会分散公司股东的控制权。

通过发行优先股股票筹措资金的缺点如下。

第一，优先股的资金成本虽然低于普通股，但是优先股股利也不能抵减所得税，所以其资金成本仍高于债务融资。

第二，优先股股息固定，如果发行数额较大，会给公司现金流带来负面的影响。在公司盈利不足或无力支付股息时，会影响公司形象。

（三）吸收直接投资

吸收直接投资是指企业按照"共同投资、共同经营、共担风险、共享利润"的原则，接受国家或其他单位以现金、实物、工业产权和非专利技术或土地使用权等形式投入的资本。

这种筹措资金的方式有以下特点：首先，通过吸收投资者直接投资所筹集的资金属于自由资金，与借入资金比较，能提高企业的信誉和借款能力，且财务风险较小。其次，吸收投资可直接获得现金、先进设备和先进技术，与通过有价证券的间接投资比较，能尽快地形成生产能力。但是与发行股票筹措资金相比，由于没有证券为媒介，不便于产权的转移变动。

其中，如果在某项目吸收到的直接投资资金中，有政府投资资金，则需要根据其资金投入的方式，进行具体分析。在一般情况下，国家根据项目的特点、资金的来源及宏观调控的需求，会采用直接投资、资本金注入、投资补贴、货款贴息和转贷等方式向项目投入资金。不同的方式，项目评估在处理时也有所不同。

（1）如果项目资金全部使用的是政府的直接投资，则该项目很有可能是非经营性项目，则不需要进行融资方案分析评估。

（2）如果政府通过注入资本金的方式向项目投入资金，则该部分资金的性质为项目的权益资金。

（3）如果政府是以投资补贴、贷款贴息的方式把资金投入项目，则该部分资金在项目评估时应视作现金流入，根据其具体情况具体分析。

（4）如果政府是以转贷的方式投入资金，则该部分资金在项目评估中应该属于债务资金。

（四）企业内部积累

企业内部积累是指企业在经营过程中自我积累资本，也称内部留存。主要形式有固定资产折旧（形成固定资产折旧基金）、盈余公积（包括法定和任意盈余公积金）、未分配利润。其中，未分配的利润一般是企业内部积累获得的资金中相对较多的一部分。

四、几种常见的融资模式

无论是发行股票，还是贷款或发行债券，这些融资方式往往都是为了项目的建设及运营而去筹措资金。一般的工业企业项目通常采用这种方式来筹措资金，投资建设项目。

现如今，有一些项目通过项目未来可能形成的资产，以及项目未来产生的现金流作为抵押来取得筹资的信用，从而为项目筹集资金。未来，则以项目建成投产后所获得的收益和项目资产作为偿债的资金来源。这种融资方式主要适用于少数超大型的基础设施项目，如交通项目、电厂项目、体育项目等。

现在常见的几种项目融资模式有 BOT 融资模式、TOT 融资模式、ABS 融资模式等。BOT 融资模式和 TOT 融资模式都属于 PPP（public-private-partnerships）模式。

PPP 模式是指公共部门与私人企业共同作来完成项目的模式，即政府、营利性企业和非营利性企业基于某个项目而形成的相互合作关系形式。

PPP 模式的基本特点如下。

第一，采用这种模式有助于促进政府管理的改革，提高项目的工作效率。

第二，这种模式在一定程度上可以将政府面临的问题进行有效的转移。

第三，这种模式有助于政府将项目的相关风险转移给私人企业。

PPP 模式的组织结构如图 7-1 所示。

PPP 融资模式经常被应用在大型的基础设施项目的建设中，根据私营企业参与进来的阶段不同，可以把它划分为 BOT 和 TOT 两种融资模式。

（一）BOT 融资模式

BOT（build-operate-transfer）融资模式是由政府对基础设施项目的建设和经营提供一种特许权协议，由本国或外国私人财团安排融资、开发建设，政府授予私人财团一段时间的经营特许权，在收回投资并取得利润的特许权期结束后，私人财团把项目交还（无偿/有偿）给政府的投资方式。

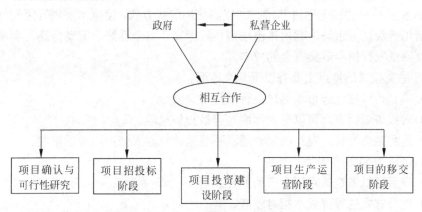

图 7-1 PPP 模式的组织结构

BOT 融资模式主要应用在大型的基础设施建设项目中，由于大型基础设施项目的建设往往需要较多的资金，如果都由政府出资来建设的话，政府的财政负担较重。而采用这种方式，可以降低政府面临的财政负担，减轻政府的负债。此外，项目的建设和前期运营都由私营企业为承担，这有助于政府转移和降低风险。另外，企业参与进来，项目的运作效率也会得到较大的提高，往往可以提前完成项目，提前满足社会和公众的需求。我国有一些城市的地铁建设即是采用的这种融资模式。此外，这种方式也可以用于国际间的项目合作，有助于进一步加强国际经济合作，如英法海峡隧道的建设就是采用这种模式。

但是这种融资模式也并不是没有缺点的。

随着经济的发展，越来越多的其他融资模式由 BOT 演变而来，如 BOOT（build-own-operate-transfer），即建设—拥有—经营—转让。BLT（build-lease-transfer），即建设—租赁—转让。BT（build-transfer），即建设—转让。

（二）TOT 融资模式

TOT（transfer-operate-transfer）融资模式是指政府将已建成投入运行的公共项目移交给投资者运营；政府凭借所移交的公共项目资产未来若干年的收益，一次性地从投资者那里融通到一笔资金，再将这笔资金用于新的公共项目建设；当特许经营期满后，投资者再将公共项目资产移交回政府的方式。

与 BOT 融资模式相比，TOT 的融资模式对投资者而言，项目的融资风险、建设风险较小，对于政府，则也可以很快地收回投资资金，继续进行其他公共基础项目的建设，提高政府的工作效率。

（三）ABS 融资模式

ABS（asset-backed-securities）融资模式是以项目所属的资产为支撑的证券化融资方式。以项目所拥有的资产为基础，以该项目资产可以带来的预期收益为保证，通过在资本市场上发行债券筹集资金的一种项目融资方式。

ABS 模式的目的在于通过其特有的提高信用等级方式，使原本信用等级较低的项目进入高信用等级证券市场，利用该市场信用等级高、安全性好、流动性高、利率低的特点大幅度降低发行债券筹集资金的成本。

ABS 融资模式的特点主要有以下几个方面。

（1）项目可以在证券市场通过发行债券筹集资金。

（2）对投资者而言，可以更大程度地分散投资风险。

（3）这种融资方式，发行的债券通常不受原始权益人资产质量的限制。

（4）可以由 SPC 提供信用担保。

（5）项目可以通过国际证券市场筹资。

（6）这种方式的筹资成本相对较低。

第三节　融资成本评估

一、融资成本的概念

融资成本是指项目筹集和使用资金所付出的成本，它包括两个部分：筹资费用和用资费用。

项目的筹资费用即资金筹集费用，它发生在项目筹措资金的过程中，一般是一次性的支付成本，如发行股票来筹措资金时的发行手续费、印刷费、律师费、代办费、资信评估费、公证费、担保费、广告费、资产评估费和承诺费等。

项目的用资费用指的是项目筹措到资金之后，为了占用和使用资金所需要支付的在使用时期内的费用，一般是经常性的费用支出，如发行股票筹措资金后须支付给投资者的股息，向银行借款或发行债券时支付的利息，融资租赁时每期支付的租金等。

项目融资成本的基本计算公式为

$$资金成本 = \frac{资金占用费}{筹集资金总额 \times (1-筹资费率)} \times 100\%$$

由于项目的全部资金是通过各种筹资方式筹措到的，不同的筹资方式筹措到的资金的融资成本有差别，因此，在计算项目的全部融资成本时，需要首先计算项目的个别资金成本。

二、个别资金成本

个别资金成本是指各种不同筹资方式的单项成本，包括银行借款成本、发行债券成本、融资租赁成本、发行优先股成本、发行普通股成本，以及留存收益资金成本等。其中，通过前三种方式筹措到的资金是项目的债务资金，其资金成本为债务资金成本，通过后三种方式筹措到的资金是权益资金，其资金成本是项目的权益资金成本。

个别资金成本是选择资金来源，采用何种筹资方式的一个依据。

（一）银行借款的资金成本

$$资金成本率 = \frac{借款年利息 \times (1-所得税率)}{借款总额 \times (1-借款筹资费率)} = \frac{借款总额 \times 年利率 \times (1-所得税税率)}{借款总额 \times (1-借款筹资费费率)}$$

【例 7.1】 某公司从银行获得一笔 100 万元、4 年期的借款，借款的年利率为 8%，每年付息一次，到期还本，借款手续费率 0.5%，所得税率 33%。请问其资金成本为多少？

解：

$$资金成本率 = \frac{100 \times 8\% \times (1-33\%)}{100 \times (1-0.5\%)} = 5.39\%$$

（二）发行债券的资金成本

$$资金成本率 = \frac{债券总面值 \times 年利率 \times (1-所得税率)}{债券筹资总额\ (1-筹资费率)}$$

注意：通过发行债券筹措资金时，债券利息需要按债券票面价值计算；而债券筹措到的资金总额应该按照债券的发行价格来计算。

【例 7.2】 某企业委托某金融机构代为发行面值为 100 万元的 3 年期长期债券，发行总额 150 万元，票面年利率 12%，每年支付一次利息，到期支付本金，其发行费用占发行总额的 3%，公司所得税率 33%。请计算其资金成本。

解：$资金成本率 = \dfrac{100 \times 12\% \times (1-33\%)}{150 \times (1-3\%)} \times 100\% = 5.53\%$

（三）融资租赁的资金成本

采用融资租赁方式来筹措资金，其实质上是融资与融物结合为一体，资金占用费用为每期支付的租金，筹措到的资金总额应该为租赁设备的价值。其资金成本的计算公式为

$$资金成本率 = \frac{租金 \times (1-所得税税率)}{设备的价值 \times (1-筹资费费率)} \times 100\%$$

（四）发行优先股股票的资金成本

通过发行优先股来筹措资金，其资金成本的计算公式为

$$r = \frac{D}{P(1-f)}$$

其中：r 为优先股资金成本；D 为优先股股利；P 为发行优先股股票筹措到的资金（应该用发行价计算）；f 为发行优先股筹措资金的筹资费费率。

【例 7.3】 ABC 公司发行面值 100 元的优先股，规定的年股息为 10 元，该优先股溢价发行，发行价为每股 120 元，筹资费率为发行价的 4%，则该公司发行的优先股资本成本为多少？

解：$资金成本率 = \dfrac{10}{120 \times (1-4\%)} \times 100\% = 8.68\%$

（五）发行普通股股票的资金成本

企业通过发行普通股股票来筹措资金，一般可以用以下三种方法来计算其资金成本。

（1）通过固定股利增长模型来进行计算，其计算公式为

$$r = \frac{D_1}{P(1-f)} + g$$

其中：r 为普通股资金成本；D_1 为未来第一年支付的股利；P 为发行普通股股票筹措到的资金（应该用发行价计算）；f 为发行普通股筹措资金的筹资费费率；g 为股利增长率。

【例 7.4】 DC 公司计划发行普通股筹资，普通股的每股面值为 10 元，发行价格为每股 20 元，发行成本为每股市价的 3%，预期明年的现金股利为每股 2 元，以后每年固定按 6%递增，则普通股的资本成本为多少？

解：资金成本率 $= \dfrac{2}{20 \times (1-3\%)} + 6\% = 16.31\%$

（2）通过资本资产定价模型来进行计算，其计算公式为

$$k_s = r_f + \beta \times (r_m - r_f)$$

其中：k_s 为普通股资金成本；r_f 为无风险利率；β 为某公司的系统风险；r_m 为市场利率。

【例 7.5】 ABC 公司普通股股票的贝塔系数为 1.5，政府发行的国库券年利息率为 5%，本年度证券市场平均报酬率为 10%，则当年普通股资本成本为多少？

解：$K = 5\% + 1.5 \times (10\% - 5\%) = 12.5\%$

（3）用债券收益加风险补偿率。与债券相比，普通股股票的投资风险要大于债券的投资风险，所以普通股股票的投资者会要求得到一个更高的收益率。因此，债券收益加风险补偿率法是在企业发行的长期债券利率的基础上，再加上一定的风险报酬率来确定普通股资本成本。

（六）留存收益的资金成本

企业的留存收益一般是指从企业税后净利润中扣除支付给股东的股利之后留存在企业的剩余盈利，可以看成企业的股东对公司的再投资，因此，一般可以用普通股股票的资金成本来进行计算，但是，与发行普通股股票不同的是，留存收益资金一般不存在筹资费用。其计算公式为

$$资金成本率 = \frac{第一年股利额}{留存收益总额} + 股利增长率$$

【例 7.6】 某企业留存利润 120 万元，股利率为 12%，以后每年递增 3%，则留存利润成本为多少？

解：资金成本率 $= \dfrac{120 \times 12\%}{120} + 3\% = 15\%$

此外，如果是非上市公司的话，企业的留存收益的资金成本也可以用这部分资金的机会成本来代替。

三、综合资金成本

项目的资金成本通常是指其综合资金成本，综合资金成本指的是项目全部资金的资金成本，一般采用加权平均的方法来进行计算，所以又称为加权平均资金成本。加权平均资金成本是以个别资本成本为基数，以各种不同资本来源占资本总额的比重为权数，计算企业筹集全部长期资金的加权平均成本。其计算公式为

$$K = \sum_{i=1}^{n} k_i w_i$$

其中：K 为综合资金成本；k_i 为不同筹资方式的个别资金成本；w_i 为不同筹资方式筹措到的资金占总资金的比重；n 为筹资方式的种类。

【例 7.7】某公司共有长期资本 1 000 万元，其中长期借款 100 万元，债券 200 万元，优先股 100 万元，普通 400 万元，留用利润 200 万元，其个别资金成本分别为 6%、6.5%、12%、15%、14.5%。问：该公司的综合资金成本为多少？

解：综合资金成本=6%×0.1+6.5%×0.2+12%×0.1+15%×0.4+14.5%×0.2=12%

所以，该公司的综合资金成本是 12%。

【例 7.8】某项目拟筹措 2 000 万元资金，其中向银行借款 300 万元，银行借款利率为 8%，借款手续费费率为 0.2%；发行债券 550 万元，债券面值为 500 万元，票面利率为 9%，发行费费率为 0.8%；发行普通股 800 万元，预计未来第一年股利率为 10%，发行费费率为 2%，股利增长率为 3%；发行优先股 350 万元，约定股利率为 8.5%，发行费费率为 2%。如果所得税税率为 30%，该项目的资金成本是多少？

解：

借款的资金成本 $= \dfrac{300 \times 8\% \times (1-30\%)}{300 \times (1-0.2\%)} = 5.61\%$

债券的资金成本 $= \dfrac{500 \times 9\% \times (1-30\%)}{550 \times (1-0.8\%)} = 5.77\%$

普通股的资金成本 $= \dfrac{800 \times 10\%}{800 \times (1-2\%)} + 3\% = 13.2\%$

优先股的资金成本 $= \dfrac{350 \times 8.5\%}{350 \times (1-2\%)} = 8.67\%$

综合资金成本 $= \dfrac{300}{2\ 000} \times 5.61\% + \dfrac{550}{2\ 000} \times 5.77\% + \dfrac{800}{2\ 000} \times 13.2\% + \dfrac{350}{2\ 000} \times 8.67\%$

$= 9.23\%$

所以，该项目的资金成本为 9.23%。

第四节　融资结构和融资风险评估

一个项目的资金融资方案，除了要分析其融资成本，选择融资成本相对较低的方案

之外，也要对其融资结构和融资风险进行分析，选择融资结构比较合理、融资风险也相对较低的方案。

一、项目融资结构分析评估

项目的资金可以通过向银行贷款、发行债券、发行股票、投资者直接投资等方式来筹措，不同的方式筹措到的资金数额也有所不同。项目的融资结构指的是投资项目筹措到总资金的构成中采用各种筹集方式筹集到的资金占总资金的比例。如某一项目方案：长期借款筹措到10%的资金，短期借款筹措到6%的资金，发行债券筹措到20%的资金，发行股票筹措到30%的资金，投资者直接投资34%的资金。

项目的融资结构的分析主要从三个方面进行：项目资金本金与债务资金的结构比例、项目资本金内部结构的比例、项目债务资金内部结构的比例。

（一）项目资本金与债务资金的结构分析

项目资本金与债务资金的结构比例是项目融资结构中最重要、最关键的比例关系。它直接对项目投产运营后的资产负债比例、项目的偿债能力及投资回收能力产生影响。

在一般情况下，项目投资者希望投入较少的资本金获得较多的债务资金，尽可能降低自身的投资风险，但是提供债务资金的债权人如银行则希望项目的资本金比例高一些，从而降低项目债权人的债务资金风险，保障债务资金的安全性。

首先，对于不同行业、不同种类的投资项目，国家相关部门会对项目的最低资本金比例进行规定，在不同时期，基于市场环境的变化，保持国民经济平稳较快增长，国务院也会对各类项目的最低资本金比例进行适当调整。例如，国家2009年对我国固定资金投资项目的资本金比例规定如下：钢铁、电解铝项目，最低资本金比例为40%。水泥项目，最低资本金比例为35%。煤炭、电石、铁合金、烧碱、焦炭、黄磷、玉米深加工、机场、港口、沿海及内河航运项目，最低资本金比例为30%。铁路、公路、城市轨道交通、化肥(钾肥除外)项目，最低资本金比例为 25%。保障性住房和普通商品住房项目的最低资本金比例为20%，其他房地产开发项目的最低资本金比例为30%。其他项目的最低资本金比例为20%。

任何投资项目必须满足国家对于资本金比例的规定。

其次，资本金与债务资金的合理比例需要考虑项目的预期投资收益率。如果当投资项目的预期投资收益率大于贷款利率时，企业即可通过使用较多的债务资金，发挥债务资金的财务杠杆效益，提高企业资本金利润率或自有资金利润率。反之，如果项目的投资收益率低于贷款利率，则不能使用贷款资金，会给项目的投资者带来更多的亏损。其具体的计算公式为

$$R_E = R_I + \frac{L}{E}(R_I - R_L)$$

其中：R_E 为项目的资本金利润率；R_I 为项目的投资收益率；R_L 为项目的贷款利率；L 为项目筹措到的贷款资金数额；E 为项目筹措到的自有资金数额。

最后，债务资金使用过多会影响项目的偿债能力，加大项目的财务风险，所以，还

要分析以债务筹资方式筹到的资金与项目的偿债能力是否相适应。

（二）项目资本金内部结构分析

分析项目的资本金内部结构，即项目的股本结构，主要从三个方面进行：国内与国外股东的投资比例、普通股资金与优先股资金的比例、普通股股东控股比例结构。项目的股本结构关系到项目未来投产运营后的经营管理权、控股权及项目收益的分享权。

分析国内与国外股东的投资比例时，主要需要根据国家对外商投资的相关规定，在某些不允许外国资本控制的项目中，如核电站、城市地铁等项目，项目必须由国内资本控股。

分析项目的普通股与优先股比例结构时，由于我们国家大多数企业暂时不允许发行优先股，只能通过发行普通股股票筹措资金。如果可以发行优先股股票筹措资金，由于优先股的股利是固定的，但优先股股东不能参与公司的经营管理。因此，需要综合考虑普通股资金与优先股资金的比例。

分析普通股股东控股比例结构，需要重点分析股权比例较多的股东所拥有的资金占全部投资资金的比例，确定项目的主要出资者，以及其对项目未来可能产生的影响。

（三）项目债务资金内部结构分析

一般，在使用债务资金时，可以借鉴以下几点比较成熟的经验。

第一，根据债务资金的利率、偿还方式、优惠条件、借款条件等与资金有关的借款条款，选择成本低、风险低的债务资金。

第二，根据项目的实施进度以及资金的具体使用情况，合理搭配短期、中长期及长期债务资金的比例，降低偿债压力。对于中小企业投资的项目，一般建议可以适当较多采用短期债务资金；对于大型基础设施类的项目，则可以适当较多采用长期债务资金。

第三，合理地使用内债和外债，如无必要，尽量不要使用外债。如果要使用外债，要考虑汇率风险，尽可能选择可以自由兑换的货币，实施浮动汇率制且有人民币报价的货币。

第四，在确定利率结构时，如果预期资本市场利率水平未来可能会上升，则尽可能采用固定利率借款；如果预期资本市场利率水平未来可能会下降，则尽可能采用浮动利率借款。

第五，在偿还债务资金时，合理安排债务资金的偿还顺序。尽可能选择先偿还利率较高的贷款，再还利率较低的贷款。

二、项目融资风险分析评估

不同的项目，其采取的筹资方式也有所不同，而不同的筹资方式，其存在的融资风险也不尽相同。项目的融资风险主要是指因为改变筹资结构而降低项目的偿债能力和资本金收益率。项目的融资风险种类较多，一般在分析评估时，重点考虑以下三种融资风险。

一是资金供应风险。资金供应风险指的是项目在实施过程中，资金不能及时到位、落实不了对项目造成的风险。产生这种风险的主要原因有：项目发行股票、发行债券来筹资的计划不能实现，或原来确定的出资者不能出资了，或项目的实际使用资金超出预期太多等。为降低这类风险，必须认真进行投资估算，详细分析项目资金的来源，选择资金实力相对较强、信用状况良好、风险承担能力较强的投资者。

二是利率风险。利率风险指的是因为借款利率发生变动进而引起项目的资金成本发生变化，给项目造成损失的可能性。项目借款的利率一般会随着金融市场国家规定的市场基准利率调整变动。如果项目采用的是浮动利率借款，那么当市场基准利率上升时，其借款利率也会随之上升，项目的资金成本也会有所上升；反之，当市场基准利率下降时，借款利率和项目的资金成本则会随之下降。如果项目采用固定利率借款，当市场基准利率下降时，项目的利率不能下调，因此其资金成本与其他企业相比就会升高，也会给项目造成损失。因此，一般在使用借款筹措资金时，为了防范利率风险，应该对市场未来利率的走势进行认真详细的分析，进而确定项目应该采用何种借款利率。

三是汇率风险。汇率风险指的是由于汇率变动引起项目产生损失的可能性。如果项目使用外汇贷款，由于国际金融市场上各个国家的货币随时在变化，因此，汇率的变动可能会引起未来支付利息费用支出发生变动，导致项目资金成本发生变动。因此，在一般情况下，使用外汇贷款时，应该尽量使用软货币贷款，其贷款利率虽高，但汇率风险相对较低。

练 习 题

1. 项目筹措资金的渠道有哪些？

2. 通过发行股票来筹措资金的特点有哪些？

3. 某既有法人项目计划通过以下几种方式筹资 6 000 万元，向银行借款 1 000 万元，借款年利率为 6%，借款手续费为 50 万元；发行总面值为 1 200 万元的公司债券 1 500 万元，其票面利率为 10%，发行费率为 3%；发行普通股筹集 2 500 万元，发行费率为 4%，预计未来第一年股利率为 13%，以后每年递增 3.5%；发行优先股筹集 1 000 万元，发行费率为 4%，约定的股利率为 11%。该项目适用的所得税税率为 33%，请问该项目的资金成本为多少？

4. 现在有一个投资项目，针对此类项目，国家要求的最低资本金比例为 30%，目前有三个融资方案备选：方案一的自有资金占比 20%，债务资金占 80%；方案二的自有资金占比 30%，债务资金占 70%；方案三的自有资金和债务资金各占一半。预期该项目的投资收益率为 25%，债务资金利率为 12%，请选择出最优的融资方案。

第八章

项目财务效益评估

学习目标

1. 掌握项目财务效益评估的基本原理及方法。
2. 掌握如何选择合适地用于评估的各种参数。
3. 掌握财务效益与费用的估算。
4. 理解如何分析财务报表。
5. 学会计算相关评估指标。
6. 掌握项目比较选择的方法。

第一节 财务效益评估概述

一、项目经济评估的概念

项目经济评估是项目前期研究工作的重点。项目经济评估即根据国民经济、社会发展、行业及地区发展规划的相关要求,基于项目的产品方案、建设规模、技术方案、投资估算等前期工作,采用科学合理的分析方法,从项目的投入与产出,分析评估项目的财务可行性和经济合理性,从而帮助项目主体做出正确的投资决策。

项目的经济评估一般包含两个层次:微观层次(企业财务效益评估)和宏观层次(国民经济效益评估)。对于影响较小的工业企业项目,通常必须对其进行微观层次的企业财务效益评估。对于影响比较重大,对国民经济、社会发展、地区及行业发展有较大影响的项目,一般既需要从微观层面进行财务效益分析评估,也需要从宏观层次进行国民经济效益分析评估。

二、财务效益评估的概念

对于工业企业项目,财务效益评估即是依据国家当前现行的财税制度和市场价格体系,从项目投资主体的角度出发,计算项目的财务效益和财务费用,分析评估项目的财务可行性,从而帮助项目的投资主体做出科学的投资决策,尽可能以较小的费用投入获得较大的产出效益。

三、财务效益评估的内容

项目财务效益评估，即从项目的财务角度，计算项目直接发生的财务效益和费用，编制财务报表，计算相关的财务评估指标，并根据计算结果判断项目的经济性。

一般地说，项目财务效益评估的内容包括分析项目的财务生存能力、盈利能力、偿债能力及抗风险能力。

第一，分析项目的财务生存能力。即分析在项目运营期间，项目是否能够从其经济活动中获得足够的净现金流量来维持项目持续生存下去。即根据项目寿命周期内每一年的现金流量情况，计算项目每一年的现金流入、现金流出、净现金流量和累积盈余资金，从而通过项目的净现金流量和累积盈余资金，分析判断项目是否有足够的净现金流量来维持项目的正常生产运营，确保项目在财务上能够持续生存下去。分析项目的财务生存能力时，需要结合其偿债能力一起来进行分析，如果项目短期偿还本息负担太大，需要调整还款期，以减轻当年还款负担。如果项目的累积盈余资金出现负值，则项目就需要开始进行短期融资。分析项目的财务生存能力时，需要特别注意项目在生产运营初期的财务生存能力，这个时期项目的还本付息压力较大。

第二，分析项目的盈利能力，即分析项目投资后是否能获得盈利及获得盈利的水平。项目的盈利能力一般从以下两个方面进行分析。

（1）按照项目在达产期（即项目100%达到设计生产能力的年份）产生的利润来进行分析，如项目的投资利润率、净资产收益率等。

（2）按照项目在整个寿命期内投入的费用与产出的效益来分析总的盈利水平，需要考虑资金的时间价值，把整个寿命期内不同年份的费用与效益折算到同一个时间点来进行计算，评估项目的盈利能力，如项目的财务净现值、财务内部收益率等。

第三，分析项目的偿债能力，即分析项目未来是否具有到期按时偿还本金和利息的能力。项目偿债能力的好坏，直接决定了银行等贷款机构的贷款意愿和贷款决策。分析评估项目的偿债能力，一般可以通过以下指标进行：资产负债率、流动比率、速动比率、贷款偿还期、利息备付率、偿债备付率等。

第四，分析项目的抗风险能力，即分析未来的一些不确定的客观因素可能会对项目盈利能力产生的影响，评估项目抵抗意外风险的能力，确定项目盈利的可靠性。常用的方法主要有盈亏平衡分析、敏感性分析和风险分析等。

第二节　财务效益评估原理与参数选择

一、财务效益评估方法

对项目进行财务效益的分析评估，一般可以采用以下三种方法：现金流量分析法、财务盈利性分析法和有无对比分析法。

（一）现金流量分析法

现金流量分析法，即把项目看作一个独立的系统，根据项目在其寿命周期内各年度现金流入与现金流出的情况，计算出该年份的净现金流量。

对于一般的工业企业项目，其现金流入指的是项目在某一段时间内取得的收入，主要包括在项目生产运营期每一年的销售收入和补贴收入，项目寿命周期最后一年回收的固定资产残余价值和回收的流动资金。其现金流出指的是项目在某一段时间内支出的费用，主要包括：项目在建设期支出的固定资产与流动资金投资，项目在生产运营期每年支出的经营成本、销售税金及附加等。

在项目的寿命周期内任意一年的净现金流量用公式表示如下。

净现金流量=年销售收入+年补贴收入+回收的固定资产残余价值+回收的流动资金–年经营成本–年销售税金及附加

此外，还应该分析项目的累计净现金流量，即用其当年的净现金流量与之前一年累计净现金流量相加之和。

在项目经济评估前，应该预先估算出项目每一年的各项现金注入量与现金流出量，这是项目财务效益评估的基础。

（二）财务盈利性分析法

财务盈利性分析法是指项目财务效益评估时主要使用的一种方法，它包括静态盈利性分析法和动态盈利性分析法。

静态盈利性分析法是一种比较简单的分析方法。与动态盈利性分析法相比，它有两大特点：首先是在计算时不需要考虑资金的时间价值，即不需要折现计算，只需要根据其当年资金的实际值来进行计算；其次是在计算现金流量时，只需要采用项目达产期年份中某一年或某些年的现金流入量与现金流出量的数值或平均值来进行计算。

采用静态盈利性分析法，可以计算如投资利润率、投资利税率、净资产收益率和静态投资回收期等财务指标。

动态盈利性分析法是一种能够全面反映项目整个寿命周期内的财务效益情况的分析方法。这种方法一般具有两个特点：首先是在计算时需要考虑资金的时间价值，利用折现率，把项目寿命周期内发生在不同时间点的资金全部折现到项目最初的时间点，来计算项目资金的实际价值；其次是需要计算项目在整个寿命周期内的总效益，计算如财务净现值、财务内部收益率、动态投资回收期、财务净现值率等动态指标。

采用动态盈利性分析法，能更加全面和真实地反映出项目整个寿命周期内的财务效益状况，对项目的财务效益分析做出更加准确更加可靠的决策。

在一般情况下，针对工程比较简单、项目周期较短的投资项目，以及机会研究和初步可行性研究阶段可以采用静态盈利性分析法，针对工程较为复杂、项目周期较长的投资项目，以及详细的可行性研究和项目评估阶段最好采用动态盈利性分析法来进行分析。

（三）有无比较分析法

有无比较分析法主要适用于改扩建项目的财务效益分析评估。

有无比较分析法即是对"有项目"和"无项目"两种状况进行比较分析，进而做出决策是否有必要建设项目。

"有项目"是指如果实施了项目后的未来状况，"无项目"是指如果不实施项目的未来状况。有无比较分析法即是将有项目时的未来的成本和效益与无项目时的成本和效益进行比较，计算得出两种情况下的差额，即增量成本与增量效益。这种方法更能准确地反映出项目的真实成本与效益，可以将实施项目后的成本与效益和不实施项目时的成本与效益逐年进行对比分析，得出的结论更加合理。

二、财务效益评估的参数选择

建设项目的财务效益评估参数是指用来计算和衡量项目建设费用与效益的相关基础数据，以及用来判断项目财务的可行性和经济合理性。项目的财务效益评估参数主要包括两类：财务计算参数和财务判据参数。

（一）财务计算参数

财务计算参数是指用来计算项目财务费用与效益的基础数据，主要包括财务价格、税率、利率、汇率、计算期、生产负荷及其他费率等。

1. 财务价格

在项目财务效益评估中，计算项目的财务效益和费用时，应该采用在现行市场价格基础之上预测出来的价格。

首先，在项目建设期的投资估算中，如果建设期较长，就需要专门估算项目的涨价预备费。因此，对于项目建设期内所要用到的各种建设材料和机器设备等投入物，一般可以不考虑其价格变动的情况，而应根据固定价格来进行计算。

其次，在项目的生产运营期内，由于项目生产运营过程中所需要的投入物及所生产出来的产出物数量可能会比较多，如果投入物或产出物所占的比重较小，对项目的影响较小，可以采用固定价格进行计算。如果是影响较大的投入物或产出物，则需要根据其价格变动规律，对其进行预测，每年都采用变动的预测价格来进行计算。

此外，在项目的生产运营期内，如果很难准确预测出项目的某种投入物或产出物的价格波动情况，则可以统一采用项目生产运营期期初的价格来进行估算。相反，如果能够相对比较准确地预测出项目投入物或产出物的价格波动规律，则应该在项目的生产运营期的每一年采用变动的预测价格来进行计算。

2. 税率

在我国，企业主要的税种有增值税、消费税、营业税、城市维护建设税、教育费附加、企业所得税等。在采用税率进行计算时，应该根据项目的具体特点，根据国家的相关规定，选择项目适用的税率来进行计算，依法缴税。

3. 利率

利率主要包括名义利率和有效利率、固定利率和浮动利率。

名义利率指的是央行或其他提供资金借贷的机构所公布出来的利率，这个利率一般既不考虑通货膨胀因素的影响，也不考虑计算次数的影响。

有效利率指的是当一年计息次数超过一次时的复合利率。计算次数越多，有效利率与名义利率的差额也就越大。在项目财务评估中，一般应该采用有效利率来进行计算。

利率还包括固定利率和浮动利率。如果项目贷款时间较短，贷款利率一般采用固定利率，对于此类项目，财务评估时也可根据预先约定好的固定利率来进行计算。如果项目贷款时间周期较长，贷款利率一般采用浮动利率，对于此类项目，财务评估时应该首先预测项目贷款期内的平均贷款利率，之后采用预测的平均利率来进行计算。

4. 汇率

汇率指的是两种不同货币之间兑换的比率。如果项目涉及国外的货币，在财务评估时，需要将外币先转换为人民币，再进行计算。转换时采用的汇率，一般应该采用国家外汇管理部门公布的当期外汇牌价的卖出、买入的中间价格。由于外汇买卖价格随时会发生变化，所以需要及时查阅当期官方公布出来的外汇价格。

5. 计算期

项目的计算期，包括建设期和生产运营期。

项目的建设期指的是从项目资金正式投入起到项目建成投产为止所需要的时间。确定项目的建设期时间的长短，应综合考虑项目的建设规模、建设性质（新建、扩建和技术改造）、项目复杂程度、当地建设条件、管理水平与人员素质等因素，并与项目进度计划中的建设工期相协调。

项目的生产运营期是指从项目正式建成投产开始到项目结束所需要的时间。对于资源开采类的项目，其生产运营期的确定往往需要重点考虑项目的资源储备量。对于其他的工业企业建设项目，确定其生产运营期时，则需要综合考虑项目产品的寿命周期、项目主要工程和设备的经济寿命期、项目采用的主要技术的寿命周期等因素来确定。

在一般情况下，工业企业建设项目的计算期不应该超过 20 年，公益性质的项目的计算期可以适当地延长，具体长短需要根据项目的特点及项目的评估要求来确定。

6. 生产负荷

生产负荷指的是在项目计算期内，项目的实际生产能力达到设计生产能力的百分比。如果项目设计的生产能力为 100 万件，某一年的生产负荷为 50%，则表示该年项目的实际生产能力只有 50 万件。

确定项目的生产负荷时，应该结合着以往同类项目的经验数据，围绕自身项目的投资额度、建设复杂程度、所采用的技术特点以及项目管理者的能力等综合确定。

（二）财务判据参数

财务判据参数指的是用来判断项目财务合理性、财务效益高低的参数，主要包括项目所在的行业的财务基准收益率、总投资收益率、净资产收益率、财务内部收益率、利息备付率等。

按照国家的相关规定，最常使用的判据参数行业财务基准收益率一般由行政主管部门统一发布，对于政府投资的项目及按政府要求进行经济评价的项目必须采用，而企业投资建设的项目可以参考采用。通常企业投资建设的项目可以参考选用行业有关部门发布的如总投资收益率、净资产收益率、财务内部收益率等指标的行业基准值。

如果在进行拟建项目的现金流分析评估时采用的财务价格是变动的预测价格，那么财务基准收益率应该等于项目的资金成本率、投资风险系数与通货膨胀率相加之和。

如果在进行拟建项目的现金流分析评估时采用的财务价格是不变的价格，那么财务基准收益率应该等于项目的资金成本率与投资风险系数之和。

第三节　财务效益与费用的估算

项目财务效益与费用的估算，包括收入、生产成本费用与利润的估算。

一、收入的估算

（一）销售收入

销售收入即项目销售产品所获得的收入，计算公式为

$$销售收入 = 产品单价 \times 销售量$$

在项目评估中，一般假设项目在生产运营期中每年生产出来的产品都可以销售出去，因此产量就等于销售量，而销售量的估算需要结合计划的生产能力与生产负荷来考虑；另外，产品的单价应该采用变动的预测价格来进行估算。

当某项目生产的产品不只有一种时，需要分别计算出每一种产品的销售收入，加总到一起计算产品总的销售收入。

【例 8.1】　某公司计划投资建设一个新的项目，项目的设计生产能力为 200 万件，历年的生产负荷与产品单价、销售收入如表 8-1 所示。

表 8-1　某公司历年的生产负荷与产品单价、销售收入

	1	2	3	4	5	6	7	8
设计生产能力（万件）	200	200	200	200	200	200	200	200
生产负荷（%）	0	10	30	80	100	100	100	70
销售量（万件）	0	20	60	160	200	200	200	140
产品单价（元/件）	20	22	23	25	25	27	28	25
销售收入（万元）	0	440	1 380	4 000	5 000	5 400	5 600	3 500

（二）补贴收入

补贴收入指的是项目履行了一定的义务，达到了国家规定的相关标准之后，从政府所获得的补贴。我国企业的补贴收，主要是按国家规定收取的一些政策性亏损补贴和其

他补贴，这些一般作为企业的非正常利润来处理。在项目评估中，这些也属于项目的收入内容。

项目可能存在的补贴收入主要有以下两种：一是项目实际收到的先征后返的增值税税款；二是按照项目的销售量以及工作量等，项目实际收到的依据国家规定的补助额度计算并按期给予的定额补助。此外，还可能会存在其他形式的一些也属于国家财政扶持领域的相关补助。

二、生产成本费用的估算

生产成本费用指的是在项目产品生产的过程中，发生的所有可以使用货币进行计量的生产耗费，即在一定时期内为了生产产品所消耗的所有生产资料的价值，以及支付的相关劳动报酬的总和。

生产成本费用的具体构成一般主要有以下三种划分方式。

（一）依照经济性质划分

依照经济性质划分，生产成本费用可以分成以下生产要素。

（1）外购材料费用。即项目为了正常生产活动所需，从外部购买的所有原材料、半成品、包装品、零部件、辅助材料等所消耗的费用。

（2）外购燃料费用。即项目为了正常生产活动所需，从外部购买的所有燃料如固体燃料、液体燃料和气体燃料等所消耗的费用。

（3）外购动力费用。即项目为了正常生产活动所需，从外部购买的所有动力如电力、热力和蒸汽等所消耗的费用。

（4）工资。即项目中应该计入生产成本费用的所有职工的工资。

（5）职工福利费用。即按职工工资比例计提并用计入费用的福利费用。

（6）固定资产折旧费。即项目按照相关规定对其固定资产计算提取并且应该计入生产成本费用的折旧费。

（7）利息。

（8）税金。

（9）其他费用支出。即不属于以上各要素的费用支出，如项目的租赁费、保险费用等。

（二）根据具体的经济用途划分

针对工业企业项目，其生产成本费用还可以根据其具体的经济用途可以分为应当计入产品成本的生产费用和直接计入当期损益的期间费用。

（1）产品成本。包括直接材料、直接燃料和动力费用、直接人工费用以及制造费用。

（2）期间费用。包括管理费用、财务费用和销售费用，在其发生的当期就应该计入当期的损益。

（3）管理费用。即项目管理部门为了组织和管理相关的生产运营活动所支出的各类费用，如办公费用、总部管理人员工资以及职工福利费用、折旧费、修理费、会议费用等。

（4）财务费用。即项目在生产经营活动中为了筹措资金所发生的筹资费用，它主要包括项目的生产经营过程中产生的利息净支出、汇兑净损失和支付给金融机构如银行的手续费等。

（5）销售费用。即项目在销售产品、自制的半成品以及提供劳务等活动的过程中所发生的各种费用支出。

（三）按照计入产品成本的方法划分

另外，各类费用按照其计入产品成本的方法不同，可以划分为直接计入费用和间接计入费用。

直接计入费用指的是在项目产品的生产过程中，可以明确区分清楚是为了生产哪一种产品所耗费的，能够直接计入该种产品成本的费用。间接计入费用则与之相反，不能具体区分清楚是为了生产哪种产品所耗用的，无法直接计入某一种产品成本，必须按照一定的标准按比例分配计入各相关的产品成本的费用。

三、利润的估算

利润即收入和费用的差额，用项目每期的收入减去费用即是其产生的利润。

（一）利润总额

利润总额=销售收入+补贴收入－生产成本总费用－产品销售税金及附加+营业外收支净额

（二）企业所得税

企业所得税是对我国内资企业和经营单位的生产经营所得及其他所得征收的一种税。在项目评估中，由于项目在建设期投资支出较多，生产运营初期基本处于亏损状态，所以允许在 5 年内的利润可以首先用于弥补以前年度亏损，再来计税，5 年以后正常计税。而税率的采用，则要根据项目所属的行业及其具体特点，根据国家税法规定选择合适的税率。

所得税＝（利润总额－弥补以前年度亏损的额度）×所得税税率

（三）法定盈余公积金

缴纳过所得税之后当期剩余的利润就是项目的净利润。项目的净利润首先需要按照国家统一规定提取法定盈余公积金。法定盈余公积金可以用来弥补项目亏损、扩大公司生产规模或转增资本使用，一般根据当年缴完所得税后的净利润的10%来提取，当其累积达到注册资本的50%时可以不需要再提取。如果企业将盈余公积金用于转增资本金后，其余额不能低于转增资本前公司注册资本的25%。

除了法定盈余公积金之外，还有任意盈余公积金，二者不同的是，法定盈余公积金需要根据国家法律规定提取，而任意盈余公积金则是根据公司章程以及股东会议的决定来提取的，是否提取，由公司自行决定。

法定盈余公积金主要用于弥补亏损和转增资本,任意盈余公积金主要用于扩大经营使用。

(四)可供投资者分配的利润

可供投资者分配的利润指的是当年的净利润中已经提取完盈余公积金之后剩下的部分,以及该年年初的未分配利润,即可以用来分配给投资者的利润。企业的投资者主要指的是企业股东:优先股股东和普通股股东。优先股股利支付在前,普通股股利支付在后。

第四节 项目财务分析评估

一、财务盈利能力分析评估

根据项目的建设进度和项目每年所需要的资金规划,计算项目每一年度的现金注入与现金流出量,进而求得净现金流量,编制出项目的财务现金流量表。现金流量表是项目财务效益评估的基本报表,利用现金流量表可以分析项目各年度的现金流量情况,评估项目的财务效益状况。

对于项目的现金流量分析,可以从两个角度进行:项目全部投资资金(见表 8-2)和项目的自有资金投资(见表 8-3)。其中从项目全部投资资金的角度来进行分析,即不考虑项目资金来自何处,把所有投资资金都看作项目的自有资金,在这种情况下,借款利息不属于项目的现金流出,进而计算分析项目全部投资资金所获得的财务效益。从项目自有资金投资的角度来进行分析,即项目的自有资金现金流量分析,则需要考虑项目的资金来源,项目在偿还借款利息和本金时都属于现金流出的内容,通过对自有资金的现金流量分析,可以计算评估出项目自有资金所获得的财务效益。

表 8-2 全部投资现金流量

序号	项目	建设期		投产期		达产期		
		1	2	3	4	5	6	n
1	现金流入							
1.1	销售收入							
1.2	回收固定资产余值							
1.3	回收流动资金							
2	现金流出							
2.1	固定资产投资							
2.2	流动资金投资							
2.3	经营成本							
2.4	销售税金及附加							

续表

序号	项目	建设期		投产期		达产期		
		1	2	3	4	5	6	n
2.5	所得税							
3	税前净现金流量							
4	税后净现金流量							
5	累计净现金流量							

注：该投资现金流量表只是一个示例，可以根据项目的实际情况增减现金流入与现金流出的具体项目。

表 8-3　自有资金现金流量

序号	项目	建设期		投产期		达产期		
		1	2	3	4	5	6	n
1	现金流入							
1.1	销售收入							
1.2	回收固定资产余值							
1.3	回收流动资金							
2	现金流出							
2.1	自有资金投入							
2.2	借款还本							
2.3	借款付息							
2.4	经营成本							
2.5	销售税金及附加							
2.6	所得税							
3	税前净现金流量							
4	税后净现金流量							
5	累计净现金流量							

注：该投资现金流量表只是一个示例，可以根据项目的实际情况增减现金流入与现金流出的具体项目。

根据项目的现金流量表，可以分析项目每一年的现金注入与现金流出情况，通过净现金流量以及累计净现金流量的数值，来评估项目的财务生存能力。此外，也可以通过项目的现金流量表中的数据，计算项目的财务净现值、财务内部收益率、投资利润率、投资利税率、净资产收益率、投资回收期等指标，来分析评估项目的财务盈利能力。

（一）财务净现值

财务净现值（FNPV）指的是根据项目所在的行业或部门的基准收益率作为折现率，把项目各年度的净现金流量全部折现到项目建设最初的时间点，然后将各年度净现金流量现值加总到一起计算出的数值。通过计算项目的财务净现值，可以发现项目在其整个寿命周期内的盈利能力的好坏，进而决定是否要投资建设该项目。

财务净现值的计算公式为

$$FNPV = \sum_{i=1}^{n} \frac{(CI - CO)_i}{(1+i_0)^i} \geqslant 0$$

其中：FNPV 为财务净现值；i 为项目的时间期限；n 为项目的计算期；i_0 为部门或行业规定的基准收益率（折现率）；CI 为项目现金流入量；CO 为项目现金流出量。

在一般情况下，通过财务净现值来分析项目的财务盈利能力，决定是否要投资建设该项目，其基本的选择标准如下。

当 FNPV >0 时，即项目的财务净现值大于 0 时，说明该项目的财务盈利能力不仅达到了行业部门规定的基准收益率，而且还有所超出，因此该项目的财务效益可以接受，可以投资建设该项目。

当 FNPV =0 时，即项目的财务净现值刚好等于 0，说明该项目的财务盈利能力刚刚达到了行业部门规定的基准收益率，属于边缘可行项目，在实际经营中，该项目一般表现为盈亏平衡。是否要投资建设项目，需要慎重考虑。

当 FNPV <0 时，即项目的财务净现值小于 0 时，说明该项目的财务盈利能力没有达到行业部门规定的基准收益率，因此该项目在财务效益上是不可以接受的，一般应该拒绝投资建设该项目。

【例 8.2】　某工业企业计划投资一个新的项目，预计项目未来寿命周期内各年的现金流量如表 8-4 所示，假设行业基准收益率为 10%，该项目是否具备经济可行性。

表 8-4　现金流量表

单位：万元

项目	0	1	2	3	4～10
投资支出	50	200	100		
投资以外支出				10	15
现金流入				45	55

解：

项目	0	1	2	3	4～10
投资支出	50	200	100		
投资以外支出				10	15
现金流入				45	55
净现金流量	−50	−200	−100	35	40

$$FNPV = -50 + \frac{-200}{(1+10\%)^1} + \frac{-100}{(1+10\%)^2} + \frac{35}{(1+10\%)^3} + \frac{40}{(1+10\%)^4} + \cdots + \frac{40}{(1+10\%)^{10}}$$

$$= -141.86(万元) < 0$$

由于该项目的财务净现值小于 0，因此该项目不具备经济可行性，应该拒绝投资建设该项目。

【例8.3】 现在有一个投资项目，项目的投资收益率为14%，平均每年可获得400 000元的投资收益，就下列条件计算则项目的目前投资额应控制在多少元内？ $(P/A,14\%,8)=4.639\,8$；$(P/F,14\%,8)=0.350\,6$；$(P/A,14\%,10)=5.216\,1$；$(P/A,14\%,2)=1.646\,7$；$(P/F,14\%,10)=0.269\,7$。

（1）假设该项目没有建设期，经营期8年，最后一年另有250 000元的回收额。

（2）假设该项目的建设期是2年，经营期是8年，最后一年另有回收额250 000元。

解：（1）项目投资额 $=400\,000×(P/A,14\%,8)+250\,000×(P/F,14\%,8)$

$=400\,000×4.638\,9+250\,000×0.350\,6=1\,943\,210$（元）

（2）项目投资额 $=400\,000×(P/A,14\%,10)-400\,000×(P/A,14\%,2)+250\,000×$

$(P/F,14\%,10)$

$=400\,000×5.216\,1-400\,000×1.646\,7+250\,000×0.269\,7$

$=1\,427\,760+67\,425$

$=1\,495\,185$（元）

（二）财务净现值率（FNPVR）

财务净现值率是项目的净现值与全部投资额现值的比率，即每投入一个单位的资金可以获得的净现值。当项目的投资额度不相同，计算期相同时，可以通过财务净现值率来进行选择判断。

采用财务净现值率来评估项目方案时，对于单个项目进行评估，其财务净现值应该大于零，项目才具备财务可行性；对于多个项目的比选，应该选择其财务净现值率最大的方案。

财务净现值率的计算公式为

$$\text{FNPVR} = \frac{\text{FNPV}}{I}×100\%$$

其中：FNPVR为项目的财务净现值率；FNPV为项目的财务净现值；I为项目的投资额度。

【例8.4】 假定某企业计划投资建设一个新的项目，目前有两个待选方案：方案一的净现值是1 200万元，项目所需总投资是3 000万元；方案二的净现值是1 600万元，项目所需总投资是3 800万元。两个项目的计算期都是5年，请选出最佳投资方案。

解：首先根据已知条件计算两个项目方案的财务净现值率：

方案一： $\text{FNPVR}_1 = \dfrac{1\,200}{3\,000}×100\% = 40\%$

方案二： $\text{FNPVR}_2 = \dfrac{1\,600}{3\,800}×100\% \approx 42\%$

通过计算结果可以看出，方案二的财务净现值率高于方案一的财务净现值率，因此，方案二是最佳投资方案，应该投资建设方案二。

（三）财务净年值

财务净年值是在考虑资金时间价值的情况下，通过资金等值换算将项目净现值等额分摊到计算期内各个年度的数值。

当企业在比选多个投资方案，且这些投资方案的投资额与计算期均不相同时，无论是采用财务净现值或是财务净现值率来进行比选，都不合适，因此，可以考虑采用财务净年值来进行比选，其中财务净年值最大的方案为最优方案。

财务净年值的计算公式为

$$FNAV = FNAV(A/P,i,n)$$

$$= \left[\sum_{t=0}^{n}(CI-CO)_t(P/F,i,n) \right](A/P,i,n)$$

其中：FNAV 为项目的财务净年值；FNAV 为财务净现值；t 为项目的时间期限；n 为项目的计算期；i 为部门或行业规定的基准收益率（折现率）；CI 为项目现金流入量；CO 为项目现金流出量。

【**例 8.5**】　某企业有 A、B 两个投资项目方案，两个方案的现金流量情况如表 8-5 所示，如果行业基准收益率为 10%，请选择两个方案中更值得投资的方案。

表 8-5　现金流量表

单位：万元

项目	投资额	年净现金流量	计算期	残值回收
方案 A	220	130	5	50
方案 B	150	80	4	10

解：首先分别计算两个项目的净现值：

方案 A：$FNPV_A = -220 + 130 \times (P/A,10\%,5) + 50 \times (P/F,10\%,5)$

$\qquad\qquad = -220 + 130 \times 3.791 + 50 \times 0.620\,9$

$\qquad\qquad = -220 + 492.83 + 31.045$

$\qquad\qquad = 303.875（万元）$

方案 B：$FNPV_B = -150 + 80 \times (P/A,10\%,4) + 10 \times (P/F,10\%,4)$

$\qquad\qquad = -150 + 80 \times 3.170 + 10 \times 0.683\,0$

$\qquad\qquad = -150 + 253.6 + 6.83$

$\qquad\qquad = 110.43（万元）$

然后计算两个项目的净年值：

方案 A：$FNAV_A = 303.875 \times (A/P,10\%,5)$

$\qquad\qquad = 303.875 \times 0.263\,8 = 80.162\,2（万元）$

方案 B：$FNAV_B = 110.43 \times (A/P,10\%,4)$

$\qquad\qquad = 110.43 \times 0.315\,47 = 34.837（万元）$

通过计算结果可以看出，方案 A 的净年值大于方案 B，因此应该选择方案 B 进行投资建设。

（四）财务内部收益率（FIRR）

财务内部收益率指的是在项目的完整寿命周期内，如果按该收益率作为折现率来进行计算，则不到项目计算期的最后时期，就会始终存在没有回收完毕的投资，只有在项目结束时其投资资金才能刚好完全被回收回来。

在项目的整个计算期内，刚好能使其净现值等于零时的折现率，即项目的财务内部收益率。其计算公式为

$$FNPV = \sum_{i=1}^{n} \frac{(CI - CO)_i}{(1 + FIRR)^i} = 0$$

其中：FNPV 为财务净现值；i 为项目的时间期限；n 为项目的计算期；FIRR 为项目的财务内部收益率；CI 为项目现金流入量；CO 为项目现金流出量。

财务内部收益率是项目投资建设所能获得的实际最大投资利润率，通过财务内部收益率来判断项目的经济可行性，其判断标准主要如下。

当 FIRR 大于或等于行业或部门的基准投资收益率时，且也大于贷款利率时，该项目在财务上就具备经济可行性，可以投资建设该项目。

当 FIRR 小于行业或部门的基准投资收益率时，该项目在财务上不具备经济可行性，就要拒绝投资建设该项目。

一般地，财务内部收益率的计算可以使用插值试算法，当项目的计算期较长时，最好使用计算机来进行计算。

【例 8.6】 某投资项目在计算期内各年度的净现金流量如表 8-6 所示，行业的基准收益为 12%，请根据项目的内部收益率来判断该项目是否具备投资建设的可行性。

表 8-6 现金流量表

单位：万元

时间	1	2	3	4	5	6
净现金流量	−200	50	150	350	400	500

解：
$$FNPV = \sum_{i=1}^{n} \frac{(CI - CO)_i}{(1 + FIRR)^i}$$
$$= \frac{-200}{(1 + FIRR)^1} + \frac{50}{(1 + FIRR)^2} + \frac{150}{(1 + FIRR)^3} + \frac{350}{(1 + FIRR)^4} + \frac{400}{(1 + FIRR)^5} +$$
$$\frac{500}{(1 + FIRR)^6} = 0$$

通过 Excel 的计算函数"IRR"计算得到 FIRR = 80% > 12%。

因此，该项目具备投资建设的可行性，可以考虑投资建设该项目。

（五）投资回收期

1. 静态投资回收期

静态投资回收期指的是在不考虑资金时间价值的情况下，根据项目投产后每年所获得的实际净收益来回收项目全部投资所需要的时间。静态投资回收期在计算时使用各年度的实际数据，不需要折现计算。

静态投资回收期的计算公式为

$$静态投资回收期 = 累计净现金流量开始出现正值的年份 - 1 +$$

$$\frac{上年累计净现金流量的绝对值}{当年净现金流量}$$

项目的静态投资回收期越短，说明该项目的投资资金回收就越快，项目的投资回收能力就越好。

一般地，当项目的静态投资回收期小于或等于行业的基准静态投资回收期时，该项目在财务上具有经济可行性，可以投资建设该项目。当项目的静态投资回收期大于行业的基准静态投资回收期时，该项目在财务上不具有经济可行性，应该拒绝投资建设该项目。

【例 8.7】　某企业计划投资建设一个生产新产品的项目，项目各年度的现金流量如表 8-7 所示，项目所处的行业的基准静态投资回收期为 5 年，请判断是否应该投资建设该项目。

表 8-7　现金流量表

单位：万元

时间	1	2	3	4	5	6
净现金流量	−200	−50	60	100	120	200

解：首先应该计算项目各年度的累计净现金流量，如表 8-8 所示

表 8-8　计算各年度的累计净现金流量

时间	1	2	3	4	5	6
净现金流量	−200	−50	60	100	120	200
累计净现金流量	−200	−250	−190	−90	30	230

然后计算该项目的静态投资回收期为：

$$静态投资回收期 = 5 - 1 + \frac{90}{120} = 4.75（年）< 5 \ 年$$

所以，可以投资建设该项目。

2. 动态投资回收期

动态投资回收期指的是在考虑资金时间价值的情况下，将项目建设投产后每年的净现金流量全部折现到项目建设最初的时间点，然后计算项目用所每年所获得的净收益的现值来回收项目全部投资所需要的时间。动态投资回收期在计算时需要进行折现，将数值统一计算到相同的时间点，与静态投资回收期相比，动态投资回收期更加严谨，反映项目财务投资回收的能力也更好。

动态投资回收期的计算公式为

$$动态投资回收期 = 累计净现金流量现值开始出现正值的年份 - 1 +$$

$$\frac{上年累计净现金流量现值的绝对值}{当年净现金流量现值}$$

与静态投资回收期相同，项目的动态投资回收期越短，说明该项目的投资资金回收

速度就越快，项目的投资回收能力就越好。

一般地，当项目的动态投资回收期小于或等于行业的基准动态投资回收期时，该项目在财务上具有经济可行性，可以投资建设该项目。当项目的动态投资回收期大于行业的基准动态投资回收期时，该项目在财务上不具有经济可行性，应该拒绝投资建设该项目。

【例 8.8】 某企业计划投资建设一项目，项目各年度的现金流量如表 8-9 所示，项目所处的行业的基准动态投资回收期为 5 年，假设行业基准收益率为 10%，请判断是否应该投资建设该项目。

表 8-9　现金流量表

单位：万元

时间	1	2	3	4	5	6
净现金流量	−200	−50	60	100	120	200

解：首先需要计算净现金流量的现值及累计净现金流量的现值，如表 8-10 所示。

表 8-10　计算现金流量的现值及累计净现金流量的现值

时间	1	2	3	4	5	6
净现金流量	−200	−50	60	100	120	200
净现金流量现值	−181.82	−41.32	45.08	68.30	74.51	112.89
累计净现金流量现值	−181.82	−223.14	−178.06	−109.76	−35.25	77.65

然后计算项目的动态投资回收期

$$动态投资回收期 = 6 - 1 + \frac{35.25}{112.89} = 5.31(年) > 5\ 年$$

因此，应该拒绝投资建设该项目。

（六）投资利润率

投资利润率指的是在项目达产期年份时，项目的年利润总额与项目总投资资金的比值。该比率越高，项目的单位投资所创造的利润就越多，项目的财务效益就越好。在一般情况下，该比率大于等于行业的平均投资利润率时，项目就具备了财务上的经济可行性，可以投资建设。反之，则应该拒绝投资建设。

投资利润率的计算公式为

$$投资利润率 = \frac{达产期年利润总额或年平均利润总额}{总投资资金} \times 100\%$$

$$利润总额 = 销售收入 + 补贴收入 - 生产成本总费用 - 产品销售税金及附加 + 营业外收支净额$$

（七）投资利税率

投资利税率指的是在项目达产期年份时，项目的年税总额与项目总投资资金的比值。该比率越高，项目的单位投资所创造的利润和税金就越多，项目的财务效益就越好，对国家的财政贡献就越大。在一般情况下，该比率大于或等于行业的平均投资利税率时，可以投资建设。反之，则应该拒绝投资建设。

投资利税率的计算公式为

$$投资利税率 = \frac{达产期年利税总额或年平均利税总额}{总投资资金} \times 100\%$$

$$利税总额 = 利润总额 + 产品销售税金及其他税金$$

需要注意的是，利税总额里面的税指的是除了所得税以外的其他各种税金，包括项目销售产品以及提供劳务过程中需要负担的增值税、营业税、城市维护建设税、资源税和教育费附加。

（八）投资收益率

投资收益率指的是在项目达产期年份内，项目的总盈利水平即每年的息税前利润或达产期内的息税前平均利润与项目总投资资金的比率。该比率越高，项目的总盈利水平就越高，项目的盈利能力也就越好。在一般情况下，该比率大于或等于行业的平均投资收益率时，可以投资建设项目。反之，则应该拒绝投资建设项目。

投资收益率的计算公式为

$$投资收益率 = \frac{达产期年息税前利润或年平均息税前利润}{总投资资金} \times 100\%$$

$$息税前利润 = 利润总额 + 利息支出$$

（九）资本金净利润率

资本金净利润率指的是在项目达产期年份内，项目的年净利润或平均净利润与项目的资本金的比率。该比率越高，项目的财务盈利能力就越好，项目的自有资金投资者所能获得的净利润就越多。在一般情况下，该比率应该大于或等于行业平均资本金净利润率，否则就应该拒绝投资建设项目。

资本金净利润率的计算公式为

$$资本金净利润率 = \frac{达产期年净利润或年平均净利润}{资本金} \times 100\%$$

$$净利润 = 利润总额 \times (1 - 所得税税率)$$

【例 8.9】　某企业计划投资建设一个项目，预计该项目总投资资金为 1 000 万元，其中资本金投资为 400 万元，在项目的达产期年份中，每年的息税前利润为 250 万元，支付的利息为 35 万元，销售税金为 25 万元，该项目适用的所得税税率为 30%。请计算该项目的投资利润率、投资利税率、投资收益率与资本金净利润率。

解：投资利润率 $= \dfrac{250 - 35}{1000} \times 100\% = 21.5\%$

投资利税率 $= \dfrac{250 - 35 + 25}{1\,000} \times 100\% = 24\%$

$$投资收益率=\frac{250}{1000}\times100\%=25\%$$

$$资本金净利润率=\frac{(250-35)\times(1-30\%)}{400}\times100\%=37.625\%$$

根据以上的计算结果，再结合行业部门或国家主管部门规定的各个指标的标准值，如果计算结果大于或等于标准值，那么该项目就具备财务可行性，盈利能力达到了相关要求，可以考虑投资建设该项目。

二、财务偿债能力分析评估（见表 8-11 和表 8-12）

表 8-11　资产负债表

单位：万元

序号	项目	建设期		投产期		达产期			合计
		1	2	3	4	5		n	
1	资产								
1.1	流动资产总额								
1.1.1	现金								
1.1.2	应收账款								
1.1.3	存货								
1.1.4	其他								
1.2	在建工程								
1.3	固定资产净值								
1.4	无形资产及其他								
2	负债及所有者权益								
2.1	流动负债总额								
2.1.1	应付账款								
2.1.2	预收账款								
2.1.3	流动资金借款								
2.1.4	其他								
2.2	长期借款								
2.3	负债总额								
2.4	所有者权益								
2.4.1	资本金								
2.4.2	资本公积金								
2.4.3	累计盈余公积金								
3	累计未分配利润								

注：该资产负债表只是一个示例，可以根据项目的实际情况增减资产、负债和所有者权益的具体项目。

表 8-12　借款还本付息计划表

单位：万元

序号	项目	建设期		投产期		达产期		合计
		1	2	3	4	5	n	
1	借款 1							
1.1	期初本息余额							
1.2	本期还本付息							
	其中：还本							
	付息							
1.3	期末本息余额							
2	债券							
2.1	期初本息余额							
2.2	本期还本付息							
	其中：还本							
	付息							
2.3	期末本息余额							
3	借款和债券合计							
3.1	期初本息余额							
3.2	本期还本付息							
	其中：还本							
	付息							
3.3	期末本息余额							
4	还款资金来源							
4.1	用于还款的利润							
4.2	用于还款的折旧							
4.3	用于还款的摊销							
4.4	其他还款资金							

注：该借款还本付息计划表只是一个示例，可以根据项目的实际情况增减借款以及还款资金来源等具体项目。

（一）项目还本付息的方式

项目的计算期通常包括建设期和生产运营期。在建设期，项目一般不会被要求支付利息，而到了生产运营期，项目就需要开始支付借款利息。因此，项目在建设期和生产运营期的利息的计算方法也不尽相同。

项目在建设期的借款利息的计算公式为

$$各年应计利息 = \left(年初借款本息累计 + \frac{1}{2} \times 本年借款额 \right) \times 有效利率$$

项目在生产运营期的借款利息的计算公式为

$$各年应计利息 = 年初借款余额 \times 年利率$$

在偿还债务本息的时候，项目可以根据自身的实际特点，如销售收入和利润的变动情况等，来选择合适的还本付息方式。

项目还本付息的方式，通常有两种：等额摊还法和等额本金法。

1. 等额摊还法

等额摊还法也称作等额本息法，即在项目的还款期内，每年需要偿付的本金与利息之和的额度是相等的，但是每年偿还的本金和利息的额度则各不相等。由于这种方法每一年偿还的借款总额度相同，所以它适用于投资前期盈利能力不强但是各期保持稳定收入的项目。

采用等额摊还法来偿还债务本息的具体计算步骤如下。

（1）首先需要根据建设期借款利息的计算方法，计算出项目建设期借款期利息总和，加上建设期的全部借款本金，计算出项目在建设期末即还款期期初的累计借款本息余额。

（2）根据等值计算原理，采用资金回收系数计算每年等值的还本付息额。其计算公式为

$$A = I \times \frac{i(1+i)^n}{(1+i)^n - 1} = I \times (A/P, i, n)$$

其中：A 为项目每年需要偿还的还本付息总额（等额年金）；I 为建设期期末（还款期期初的累计借款本息余额（包含未支付的建设期利息）；n 为预计的还款期；i 为借款年利率。

（3）从还款期初第一年开始，首先计算第一年应支付的利息。计算公式为

$$各年应计利息 = 年初借款余额 \times 年利率$$

（4）计算第一年应该偿还的本金，计算公式为

$$每年偿还本金 = 每年偿还的本息之和（A） - 每年支付利息$$

（5）计算第二年年初（第一年年末）借款余额。计算公式为

$$当年年末借款余额 = 当年年初借款余额 - 当年偿还的本金$$
$$= 下一年年初的借款余额$$

（6）之后再开始计算第二年的利息、本金等，依此计算接下来每一年的借款利息和本金，直到项目债务偿还完毕为止。

【例 8.10】 已知某项目建设期期末借款余额累计为 2 000 万元，根据项目投资主体和银行的贷款协议，项目将要采用等额摊还法分 5 年还清借款，假设借款的年利率为 5%，求该项目在还款期每年需要偿还的本金、利息和本息之和。$(A/P, 5\%, 5) = 0.231$

解：

每年需要偿还的本息之和 $= 2\,000 \times (A/P, 5\%, 5) = 461.94$（万元），如表 8-13 所示。

表 8-13　每年需要偿还的本息之和

年份	1	2	3	4	5
年初借款余额/万元	2 000	1 638.06	1 258.023	858.984	439.993
利率/%	5	5	5	5	5
年利息/元	100	81.903	62.901	42.949	22.000
年还本额/万元	361.94	380.037	399.039	418.991	439.94
年还本付息总额/万元	461.94	461.94	461.94	461.94	461.94

2. 等额本金法

等额本金法指的是在项目的还款期内每年偿还的本金额度相等，利息不等，而且每年还本付息的总额也不相等。等额本金法计算比较简单，但是投产初期需要偿还的本息相对较多，所以一般适用于前期盈利能力较好、资金比较充裕的项目。

采用等额本金法偿还债务的计算步骤如下。

（1）首先需要根据建设期借款利息的计算方法，计算项目建设期借款期利息总和，加上建设期的全部借款本金，计算出项目在建设期末即还款期期初的累计借款本息余额。

（2）计算项目在预计偿还期内，每年需要偿还的相等的本金。计算公式为

$$A = \frac{I}{n}$$

其中：A 为项目每年需要偿还的本金；I 为项目还款期期初的累计借款本息余额；n 为项目的还款期。

（3）从项目还款期第一年开始，计算当年要还的利息。计算公式为

$$各年应计利息 = 年初借款余额 \times 年利率$$

（4）第一年需要偿还的本金与利息相加，即是项目当年还本付息总额。

（5）计算第二年年初借款本息余额，之后再来计算第二年的利息，本息之和，依次计算，直到债务偿还完毕为止。每年年初借款余额的计算公式为

$$年初借款余额 = 上一年年初借款余额 - 上一年偿还本金$$

【例 8.11】 已知某项目建设期期末借款余额累计为 2 000 万元，根据项目投资主体和银行的贷款协议，项目将要采用等额本金法分 5 年还清，假设借款的年利率为 5%，求该项目在还款期每年需要偿还的本金、利息和本息之和。

解：该项目在还款期每年需要偿还的本金、利息和本息之和如表 8-14 所示。

表 8-14　该项目在还款期每年需要偿还的本金、利息和本息之和

年份	1	2	3	4	5
年初借款余额/万元	2 000	1 600	1 200	800	400
利率/%	5	5	5	5	5
年利息/元	100	80	60	40	20

年还本额/万元	400	400	400	400	400
年还本付息总额/万元	500	480	460	440	420

（二）偿债能力指标分析

分析评估项目的偿债能力时，一般根据项目未来的资产负债情况、借款偿本付息计划表、资金来源与运用表等，通过计算相关的财务指标，如资产负债率、流动比率、速动比率、借款偿还期、利息备付率、偿债备付率等，来分析评估项目是否具备偿还债务的能力。

1. 资产负债率

资产负债率指的是项目负债总额与资产总额的比率。该指标反映了项目的总资产中负债占了多大的比重，在一般情况下，该比率越小，项目的偿债压力就越小，偿还债务的能力就越好，对债权人权益的保护程度就越高。但是对项目总体而言，该比率也不能太小，否则，说明项目管理者利用债务资金创造利润的能力太差。

资产负债率的计算公式为

$$资产负债率 = \frac{负债总额}{资产总额} \times 100\%$$

在一般情况下，项目的资产负债率应该在70%以下，具体应该参考行业的标准值，小于行业的标准值，从债权人的角度看，偿还债务的风险就较小。

2. 流动比率

流动比率指的是项目流动资产与流动负债的比率。流动比率能够反映出项目偿还短期债务的能力。在一般情况下，项目的流动比率值应该在120%～200%，说明项目偿还短期债务的能力尚可，指标值越高，项目的短期偿债能力就可能越好。但是，对于不同的项目，由于其所在的行业的特点不同，因此，做判断时最好采用行业的基准值。

流动比率的计算公式为

$$流动比率 = \frac{流动资产}{流动负债} \times 100\%$$

3. 速动比率

速动比率指的是项目的速动资产与流动负债的比值。与流动比率相同，速动比率也能够反映出项目偿还短期债务的能力，速动比率越高，项目偿还短期债务的能力相对就越好。但是，由于速动资产的流动性，尤其是变现能力要比流动资产更好，因此，速动比率比流动比率更加能够反映出项目的偿债能力的好坏。这两个指标最好结合在一起使用来分析评估项目的偿债能力，在必要情况下，应该更加重视速动比率的结果。

速动比率的计算公式为

$$速动比率 = \frac{速动资产}{流动负债} \times 100\%$$

在一般情况下，项目的速动比率应该大于100%，但最好也应该参考行业的标准值。

【例 8.12】 某企业建设一个项目，预计该项目的资产总额为 2 000 万元，其中所有者权益为 1 200 万元。此外，该项目的流动资产仅包括速动资产和存货，为 800 万元，其中存货为 450 万元，流动资金贷款为 400 万元。请计算该项目的资产负债率、流动比率、速动比率。

解：

$$资产负债率 = \frac{2\,000 - 1\,200}{2\,000} \times 100\% = 40\%$$

$$流动比率 = \frac{800}{400} \times 100\% = 200\%$$

$$速动比率 = \frac{800 - 450}{400} \times 100\% = 87.5\%$$

根据以上计算结果可以看出，资产负债率和流动比率反映出项目的偿债能力还可以，但是速动比率却低 100%，说明项目的存货过多，如果其存货销售能力不好的话，则项目依然有一定的偿债压力；如果项目的存货是适销产品，可以很快变现，则无须担心项目的偿债能力。

4. 借款偿还期

借款偿还期指的是在国家相关规定下，依据项目的具体财务状况，项目在正式投产运营后使用收益偿还借款所需要的时间。借款偿还期能够反映项目偿还借款的能力和财务效益的好坏。一般地，这个指标越小，说明项目的偿债能力越好，财务效益也较好。通常，项目的借款偿还期应该小于行业的基准借款偿还期。

借款偿还期的计算公式为

$$借款偿还期 = 借款偿还完毕的年份 - 开始借款的年份 + \frac{当年仍须偿还的借款本息}{当年可用于还款的资金}$$

一般地，项目的借款偿还期越小，说明项目的偿债能力越好，财务效益也较好。通常，项目的借款偿还期应该小于行业的基准借款偿还期。

【例 8.13】 某厂计划投资某项目，该项目生产的产品在市场有较大需求。预计该项目未来需要使用借款来进行投资，其借款与项目未来的效益如表 8-15 所示，如果该项目所在的行业的基准借款偿还期为 5 年，借款年利率为 10%，试分析该项目的偿债能力。

表 8-15 项目借款偿本付息计划表

单位：万元

序号	计算期 项目	建设期		生产运营期			
		1	2	3	4	5	6~10
1	本年借款						
1.1	本金	200	200				
1.2	利息						
2	还款资金			50	150	300	300
3	年末借款余额						

解：

$$建设期第1年的利息 = \frac{200}{2} \times 10\% = 10(万元)$$

$$建设期第2年的利息 = (210 + \frac{200}{2}) \times 10\% = 31(万元)$$

建设期期末的借款余额 $= 200 + 10 + 200 + 31 = 441(万元)$

第3年需要还的利息 $= 441 \times 10\% = 44.1(万元)$

第3年能够还掉的本金 $= 50 - 44.1 = 5.9(万元)$

第3年年末的借款余额 $= 441 - 5.9 = 435.1(万元)$

第4年需要还的利息 $= 435.1 \times 10\% = 43.51(万元)$

第4年能够还掉的本金 $= 150 - 43.51 = 106.49(万元)$

第4年年末的借款余额 $= 435.1 - 106.49 = 328.61(万元)$

第5年需要还的利息 $= 328.61 \times 10\% = 32.861(万元)$

第5年能够还掉的本金 $= 300 - 32.861 = 267.139(万元)$

第5年年末的借款余额 $= 328.61 - 267.139 = 61.471(万元)$

第6年需要还的利息 $= 61.471 \times 10\% = 6.1471(万元)$

由于第 6 年的还款资金有 300 万元，因此，可以看出，在第 6 年该项目的借款将偿还完毕。

$$借款偿还期 = 6 - 1 + \frac{61.471 + 6.1471}{300} \approx 5.225(年)$$

通过计算分析，该项目的借款偿还期超过行业的基准借款偿还期，因此可以认为该项目的偿债能力达不到要求。

5. 利息备付率（ICR）

利息备付率指的是在项目的借款偿还期内某一年的息税前利润(EBIT)与应付利息(PI)的比值，这个指标可以反映说明项目偿付债务利息的保障程度，一般指标值越高，当年利息偿付的保障程度也就越高。

利息备付率的计算公式为

$$ICR = \frac{EBIT}{PI}$$

其中：ICR 为利息备付率；EBIT 为息税前利润；PI 为应付利息。

需要注意的是，这个指标应该分年度计算，在项目的还款期内每一年都应该单独计算，某一年的数据计算出来的结果，只能反映当年利息偿付的保障程度。对于大多数能够实现正常经营的企业，其利息备付率应该大于 1，具体应该参照债权的相关要求来确定。

6. 偿债备付率（DSCR）

偿债备付率指的是在项目的借款偿还期内，每年可以用来还本付息的资金(息税前利润加折旧和摊销 EBITDA–企业所得税 *T*)与当年需要还本付息的金额(PD)的比值。偿债备付率可以反映项目用于还本付息的资金偿还借款本息的保障程度，指标值越高，项目偿还借款本息的保障程度也就越高。

偿债备付率的计算公式为

$$DSCR = \frac{EBITDA - T}{PD}$$

其中：DSCR 为偿债备付率；EBITDA 为可用于还本付息的资金；T 为企业所得税；PD 为需要还本付息的金额。

如果项目在生产运营期内还有其他可用于还款的资金，应该加进来，如果维持运营需要用到资金，那么应该从可用于还款的资金中减去该部分资金。

与利息备付率相同，偿债备付率也需要分年度来进行计算，当年的计算结果只反映当年偿还借款本年的保障程度。对于大多数项目，其偿债备付率一般也应该大于 1，对于不同行业，要求也不相同，此外也需要根据债权人的具体要求来确定。

第五节　项目方案比选分析评估

一、项目分类

企业在计划投资项目之前，由于资源的有限性，项目的具体实施也会有多种不同的具体方案，因此，投资主体很可能会面对很多个都可以采纳的备选方案，这些方案之间也可能会存在各种关系，投资主体的各项资源也都是有限的，这就决定了企业需要在多个备选方案中进行比较，选择出最优、能够给企业带来最大效益的方案组合。

企业在比选方案时，首先要确定各项目之间的相互关系。项目之间一般存在以下两种关系。

（一）独立关系

独立关系指的是备选的方案之间互相独立，没有任何相关关系，各方案的现金流量完全独立，任一个方案的采用与否和其他方案都没有关系。如方案 A 和方案 B 两个备选方案，如果选择了方案 A，方案 B 可以采用，也可以不采用，与方案 A 没有任何关系，那么这两个方案之间的关系就是独立关系。如果备选方案之间是独立关系，则这些方案是独立方案。

（二）相关关系

相关关系指的是备选的方案之间存在一定的相关性，其中一个方案的选择会影响到是否选择其他方案或对其他方案的效益产生影响。由于相关关系存在正相关和负相关，所以存在相关关系的方案也存在两种关系：互斥关系和互补关系。

互斥关系指的是备选方案间互相排斥、互不相容，如果选择了其中某一个方案，则会自动排斥其他方案，一般只能选择一个方案，其余的必须放弃；或者在备选方案中，实施了一个方案，如果再实施另一个方案，会使其他方案的效益减少。如企业目前针对一种产品的生产，是选择采用使用了德国技术的 A 方案还是法国技术的 B 方案，在两个方案中，只能选一个，这两个方案的关系就是互斥关系，这两个方案就是互斥方案。

互补关系指的是备选方案之间存在一定的互补性，执行某一个方案会使其他方案的效益有所增加，这些方案之间的关系就是互补关系，方案也就是互补方案。

备选方案之间的关系不同，方案的比较选择原则与方法也不相同。

二、项目方案比选方法

项目方案比选指的是在一组备选方案中，通过比较选出最佳的方案。

在比选项目方案时，应该对方案的全部因素进行分析，计算出各方案的全部经济效益和费用，做出全面的对比分析；也可以基于个别因素计算出相对经济效益和费用，从局部来对比分析选择。

对于单一的项目方案，在决定是否要投资建设该项目时，可以通过计算项目方案的净现值或投资内部收益率来确定，如果项目方案的净现值大于或等于 0，或项目方案的投资内部收益大于或等于行业基准收益率时，可以考虑投资建设该项目，反之则应该拒绝此项目。

对于多个投资方案的比选，则应该根据这些方案之间的关系来进行分析比选。

（一）多个独立方案的比选

由于独立方案的选择互不相关，所以对于独立方案的比选，关键在于某个方案是否应该进行投资建设。如果独立方案的净现值大于等于 0，则就可以考虑投资建设该项目，反之应该拒绝。此外也可以采用内部收益率的方法，如果独立方案的内部收益率大于等于基准收益率，则该项目也可进行投资建设，反之应该否决该项目。

（二）多个互斥方案的比选

（1）如果有多个备选的投资方案，且这些方案的投资额相同，计算期也相同时，则应该选择这些方案中净现值最大的或者是内部收益率最大的那一个方案。

（2）如果有多个备选的投资方案，这些投资方案的投资额不同，但是计算期相同，则可以根据净现值率或差额投资内部收益率的方法来进行比选。采用净现值率来比选，应该选择净现值率最高的方案。采用差额投资内部收益率来进行比选时，如果差额投资内部收益率大于或等于基准收益率时，应该选择两个方案中投资额多的那一个；反之，如果差额投资内部收益率小于基准收益率时，应该选择两个方案中投资额小的那一个。

差额投资内部收益率的计算公式为

$$\text{NPV}_A - \text{NPV}_B = \sum_{i=1}^{n} \frac{\text{CI}_A - \text{CO}_A}{(1 + \Delta \text{IRR})^i} - \sum_{i=1}^{n} \frac{\text{CI}_B - \text{CO}_B}{(1 + \Delta \text{IRR})^i} = 0$$

（3）如果多个备选的投资方案的投资额各不相同，且计算期也不相同，则可以根据各方案的净年值来进行比选，净年值最大的方案就是应该选择的方案。

（三）互补方案的比选

对于多个互补方案，如果互补方案都进行投资建设，项目的效益较高且费用也较少时，则应该同时投资建设多个互补方案，如果投资建设了互补方案，增加的效益不能弥补增加的费用时，则应该只建设单个项目方案。具体选择如例 8.14 所示。

【例 8.14】　某企业目前面临两个项目，这两个项目之间存在一定的相关关系，其相关关系及净现金流量如表 8-16 所示，如果行业基准收益 10%，应该做出怎样的投资决策？

表 8-16　备选项目的净现金流量表

单位：万元

时间	项目 1 的净现金流量	项目 2 的净现金流量	
		有项目 1 时	无项目 1 时
0	−1 200	−2 000	−2 000
1	200	400	400
2	300	500	400
3	400	1 000	1 200
4	500	1 000	700

解：依据题设条件，首先计算各种情况下的净现值

$$\text{NPV}_1 = -1\,200 + \frac{200}{(1+10\%)^1} + \frac{300}{(1+10\%)^2} + \frac{400}{(1+10\%)^3} + \frac{500}{(1+10\%)^4}$$
$$= -128.22\,(万元)$$

$$\text{NPV}_{2+1} = -2\,000 + \frac{400}{(1+10\%)^1} + \frac{500}{(1+10\%)^2} + \frac{1\,000}{(1+10\%)^3} + \frac{1\,000}{(1+10\%)^4}$$
$$= 211.19\,(万元)$$

$$\text{NPV}_{2-1} = -2\,000 + \frac{400}{(1+10\%)^1} + \frac{400}{(1+10\%)^2} + \frac{1\,200}{(1+10\%)^3} + \frac{700}{(1+10\%)^4}$$
$$= 73.90\,(万元)$$

从计算结果来看，如果只做项目 1 的话，净现值为负的，应该拒绝；如果只做项目 2 的话，净现值为 73.9 万元；如果同时投资建设项目 1 和项目 2 的话，其净现值为 82.97（−128.22+211.19）万元。

因此，根据净现值来选择的话，应该同时投资建设项目 1 和项目 2，以获得最大效益；而根据净现值率来进行比选的话，只投资建设项目 2 的净现值率最高，则应该选择只投资建设项目 2。

（四）项目方案比选实例分析

1. 不存在资金约束的方案比选

【例 8.15】　某企业有三个备选的项目方案，这三个方案的投资额与收益额的现值如表 8-17 所示，企业拥有 600 万元资金，如果这三个项目互为互斥方案，企业只能选择其中的一个，应该是哪一个？

表 8-17　某企业三个方案的投资额与收益额的现值

单位：万元

项目	A	B	C
投资额现值	360	400	600
收益额现值	700	900	1 250

解：

首先，应该计算出各投资项目的净现值及净现值率，如表 8-18 所示。

表 8-18　计算各投资项目的净现值及净现值率

项目	A	B	C
投资额现值	360	400	600
收益额现值	700	900	1 200
净现值	340	500	650
净现值率	0.94	1.25	1.08

根据各个项目的净现值率来进行比选，应该选择项目 B。但是考虑到企业在实际建设时，项目 B 的净现值率虽然最高，但是由于它会产生 200 万元的闲置资金，会使资源被浪费。因此，考虑到充分利用资源和获得较大收益的原则，在实践中，企业应该选择净现值最高资金利用最充分的 C 方案。

2. 存在资金约束的方案比选

企业在实际比选投资项目时，即使备选的项目方案都可以获得财务效益，但由于企业可以用于投资项目的资金是有限的，所以企业往往会从多个项目中挑选出效益最好的方案来进行投资建设，以获得最大效益。

（1）当项目可分时。项目可分是指一个项目，并不需要投入全部资金，只投入一定比重的资金也可以获得相应比重的财务效益。如一个项目总投资资金为 1 000 万元，全部做完可获得净现值 250 万元，如果只投资 500 万元，做二分之一的项目，则可获得 125 万元的收益，该项目即是可分项目。

【例 8.16】　企业目前有 A、B、C、D 四个备选投资项目，这四个备选项目的投资额与净现值如表 8-19 所示，企业可用于投资项目的资金共有 1 000 万元，如果这四个项目都是可分项目且互相不排斥，请确定企业最佳投资方案。

表 8-19　各项目投资额与净现值

单位：万元

项目	A	B	C	D
投资额	250	400	500	450
净现值	300	560	650	580

解：

首先根据各项目的净现值大小来选择，净现值按高到底的顺序排序为：C、D、B、A。由于只有 1 000 万元的投资资金，且项目均可分，因此可以投资建设项目 C、项目 D 以及八分之一的项目 B。这个方案可以给企业带来的净现值为 1 300 万元。

此外，可以计算出项目的净现值率，如表 8-20 所示。

表 8-20　计算项目的净现值率

项目	A	B	C	D
净现值率	1.2	1.4	1.3	1.29

根据净现值率高低来选择投资项目，应该投资建设项目 B、项目 C 以及 22%的项目 D。这个项目组合可以给企业带来的净现值为 1 337.6 万元。

通过对比分析以上两个投资组合，应该选择投资建设项目 B、项目 C 以及 22%的项目 D，这个组合能够给企业带来最大的收益。

从以上分析可以看出，对于有资金约束且项目可分的多个独立投资项目，应该根据项目的净现值率来进行比选。

但是，在实际情况中，企业投资项目基本上不存在可分的情况，即便可分，其收益也不太可能与投资比例完全一致。

（2）当项目不可分时。

【例 8.17】 某企业当前面临 A、B、C、D、E 五个投资项目，项目的现金流出量与现金流入量的现值如表 8-21 所示，企业可用于投资建设的资金总共有 1 000 万元，假设项目不可分且互相独立，请确定最佳方案组合。

表 8-21　各项目投资额与总收益额

单位：万元

项目	A	B	C	D	E
投资额（现值）	250	350	500	400	180
总收益额（现值）	300	440	650	500	230

解：

首先应该计算出项目的净现值与净现值率，如表 8-22 所示。

表 8-22　计算项目的净现值与净现值率

项目	A	B	C	D	E
投资额（现值）	250	350	500	400	180
总收益额（现值）	300	440	650	500	230
净现值	50	90	150	100	50
净现值率	0.2	0.257	0.3	0.25	0.278

根据净现值的高低顺序选择项目方案，应该投资建设项目 C 和项目 D，则可获得总

收益 250 万元，此时存在 100 万元的闲置资金。

如果根据净现值率的高低顺序选择项目方案，应该依次考虑投资建设项目 C、项目 E、项目 B、项目 D、项目 A，由于有资金限制且项目不可分，因此应该先做完项目 C 和项目 E，此时剩余资金 320 万元，这些资金投资项目 B 或项目 D 资金均不够充足，所以接下来应该投资项目 A。方案组合即为项目 C、项目 E 和项目 A，该方案组合的净现值总和为 250 万元，存在 70 万元的闲置资金。

另外，由于该项目总共有 1 000 万元资金，刚好可以用来同时建设投资项目 A、项目 B 和项目 D，资金全部用完，组合净现值总和为 240 万元。

从以上三个组合来看，第一个组合项目 C 和项目 D，以及第二个方案 C、方案 E 和方案 A 所获得的净现值总额最多，但是由于第二方案所消耗的资金较多，因此应该选择第一个方案组合。

因此，对于有资金限制，且项目不可分的方案选择，应该综合考虑各种情况，既能充分利用资金，又能使方案最终的净现值最多的投资方案才是最佳的。

三、项目方案比选原则

在企业实践中，由于企业的资源往往是有限的，所以只能挑选出最优的项目来进行投资。在面临众多的项目方案时，项目方案彼此间的关系不同，比选项目的原则也不相同。

如果只有一个项目，那么可以通过净现值或内部收益率来进行判断。当项目的净现值大于或等于 0 时，或其内部收益率大于或等于基准收益率时，可以选择投资该项目，反之拒绝该项目。

如果需要在较多的方案中挑选出合适的方案组合，则需要根据方案间的关系来进行比选。

当几个方案之间是互斥关系时，如果项目没有资金约束，几个方案都可以完成，且各方案的计算期也相同，则可以分别计算几个方案的净现值，基于资金充分利用的原则，选择净现值最大的方案；如果几个方案的计算期不相同，则可以通过净年值来进行比选，选择其中净年值最大的方案。

当几个方案之间互相独立，且有资金约束时，如果项目可分，计算各方案的净现值率，从净现值率最高的方案开始选择，直到把资金用完为止。如果存在资金约束，且项目不可分，则需要首先按净现值高低的顺序依次选择项目方案，最大化利用资金，直到没有项目能够选择为止，挑选出第一个方案组合；然后再根据净现值率的高低顺序依次选择项目方案，同样最大化利用资金，直到没有项目能够选择为止，挑选出第二个方案组合；最后再通过观察，分析是否有一种组合能够将所有的资金利用完毕，如果有，则作为第三个方案组合；之后再分别计算出以上三个方案组合各自的净现值，挑选出其中净现值最大的方案组合作为最终的投资方案。

练 习 题

1. 项目财务效益分析评估的内容包括哪几个部分？
2. 项目财务效益分析的方法有哪些？
3. 如何确定项目的计算期？

4. 哪些指标可以用来分析项目的财务生存能力?

5. 某投资项目,如果同类项目的投资收益率为 12%,该项目每年可获得 250 万元的投资收益,那么在下面 4 种情况下,该项目投资额最多应该是多少元?

(1) 该项目无建设期,生产运营期 5 年;

(2) 该项目无建设期,生产运营期 5 年,最后一年另有 18 万元固定资产回收额。

(3) 该项目建设期 2 年,生产运营期 5 年;

(4) 该项目建设期 2 年,生产运营期 5 年,最后一年另有 18 万元固定资产回收额;

6. 已知某企业的一个新建项目,在建设期末借款余额累计为 4 500 万元,根据项目投资主体和银行的贷款协议,项目将要在 6 年还清,假设借款的年利率为 12%,试分别计算出采用等额摊还法和等额本金法,该项目在还款期每年需要偿还的本金、利息和本息之和。(A/P,12%,6)=0.2432

7. 云阳公司计划投资建设一个新项目,据分析,该项目生产的产品在市场有较大需求。预计该项目未来需要使用到借款来进行投资,其借款与项目未来的效益如表 8-23 所示,借款年利率为 12%。如果同类的基准借款偿还期为 6 年,试分析该项目的偿债能力。

表 8-23 项目借款偿本付息计划表

单位: 万元

序号	计算期 项目	建设期		生产运营期			
		1	2	3	4	5	6~10
1	本年借款						
1.1	本金	500	800				
1.2	利息						
2	还款资金			320	500	600	600
3	年末借款余额						

8. 某公司计划投资建设一个新能源项目,预计项目每一年的现金流量如表 8-24 所示,市场利率为 10%,请分别计算该项目的净现值、内部收益率、静态投资回收期与动态投资回收期,并判断其是否值得投资。

表 8-24 某公司某项目每年的现金流量

单位:万元

计算期 项目	建设期		生产运营期				
	1	2	3	4	5	6~11	12
固定资产投资	1 000	600					
流动资金投资		400	650				
经营成本			450	550	550	600	450
销售收入			1 200	1 350	1 450	1 600	1 500
固定资产回收							200

9. 某企业新建设一个工厂用来生产新产品，该工厂的投资总资金为 1 000 万元，债务资金有 400 万元，利率为 10%。预计该项目在达产期年份的利税总额为 350 万元，销售税金及附加为 60 万元，所得税税率为 33%，则该项目的投资利润率、投资利税率、总资产收益率、资本金净利润率分别为多少？

10. 南京某公司财务经理拿到 5 个项目，项目的相关数据如表 8-25 所示，该公司目前可以用于投资项目的资金有 800 万元。

（1）如果这 5 个项目都是可分项目，那么该财务经理应该挑选哪几个项目？

（2）如果这 5 个项目是不可分项目，该财务经理又该如何选择呢？

表 8-25　项目投资与收益表

单位：万元

项目	A	B	C	D	E
投资现值	200	300	250	350	400
收益现值	280	385	360	440	560

第九章

项目国民经济分析评估

学习目标

1. 理解项目国民经济评估与财务效益评估的区别。
2. 掌握国家参数的计算方法。
3. 掌握项目国民经济效益与费用分析的原理。
4. 能够计算出各种货物的影子价格。

第一节　国民经济评估概述

一、国民经济评估的基本概念

对国民经济或地区宏观经济有较大影响以及有着明显外部效益的投资项目，除了需要对其进行微观层面的财务效益分析之外，也需要对其进行国民经济分析评估。

国民经济评估是在项目建设规模、投资估算、融资方案及财务效益分析等的基础上，依据有效配置资源、最大化发挥资源价值的原则，从国家的角度出发，利用影子价格、影子工资、影子汇率及社会折现率等国家参数，计算项目的国民经济效益和国民经济费用，从而分析评估投资项目的国民经济合理性，作出正解的投资决策。

二、国民经济评估的作用

对项目进行国民经济评估，主要有以下几个方面的作用。

（一）有助于真实反映项目对国民经济产生的净贡献

在市场上，有很多项目生产的产品，其销售价格既不能反映产品本身的价值，也不能反映其实际的供求关系，因此，仅仅根据项目产品在市场上的财务价格来计算项目的投入与产出，不能真正反映出项目的建设对国家的真正贡献。但是通过国民经济评估，采用影子价格来计算项目投入的费用与产出效益，则能够真实反映出项目对国民经济做出的贡献，从而做出更加正确的投资决策。

（二）有助于从宏观层面实现国家合理配置有限资源的需要

任何一个国家的资源都是有限的，这些有限的资源要满足所有项目的使用是不可能实现的，那么允许哪些项目使用资源能够实现资源的最大价值，则需要从国家的整体利益来进行分析，这就需要进行国民经济分析评估。通过国民经济评估，采用影子价格进行计算，能够从国家的角度发现哪些项目的建设更加有助于实现资源的合理配置。

（三）有助于从国家角度做出科学合理的投资决策

项目评估中的大多数分析是从企业的微观角度出发的，这些评估更多考虑的是企业的微观利益，而不是国家利益，长此以往，有可能会引起国家资源的低效浪费，刺激不合理的投资规模增加，进而引起产能过剩与通货膨胀，不利于市场经济的良好运行。国民经济分析评估则在一定程度上避免了此种情况的产生，有利于从国家角度来引导投资资金的流向，鼓励或抑制某些产业的发展，做出更加科学合理的投资决策。

三、国民经济评估与财务评估的关系

国民经济评估与财务评估都是对项目的经济评估，有不少投资项目既需要进行财务效益评估，也需要进行国民经济分析评估，国民经济分析评估往往是在财务评估的基础上调整进行的。这二者既有一些相同的地方，也有一些不同的地方，在分析评估的时候，需要注意二者之间的差异。

（一）国民经济评估与财务评估的相同点

1. 二者的评估目的是相同的

无论是微观层面的财务效益分析评估，还是宏观层面的国民经济分析评估，二者评估的最终目的是相同的，都是希望通过科学的评估方法，帮助投资主体做出正确的投资决策。

2. 二者的评估内容是相同的

财务效益分析评估与国民经济分析评估的内容都是一样的，都是在项目市场分析、投资估算、融资方案的基础上，对项目的费用与效益进行分析。

3. 二者的评估基础是相同的

财务分析评估和国民经济分析评估者是在完成产品的市场预测、建设规模确定、厂址选择、技术方案选择、投资估算和融资方案选择的基础上完成的。

（二）国民经济评估与财务评估的不同点

1. 二者分析评估的角度不同

项目财务效益分析评估是从项目投资主体的角度出发，重点分析评估项目的财务生存能力、盈利能力、偿债能力及抗风险能力。项目的国民经济分析评估则是从国家的角度出发，重点分析项目对国民经济和社会需求产生的影响。

2. 二者分别采用的参数不同

项目财务效益分析评估中用来计算财务指标的基础参数是财务价格、官方规定的汇率、行业的财务基准收益率等；项目国民经济分析评估中则采用的参数是影子价格、影子工资、影子汇率、社会折现率等。

3. 二者评估的效益与费用的范围不同

项目财务分析评估中的效益只包括可以用货币计量的销售收入、补贴收入等，费用则只考虑直接支出的材料费用、人工费用、利息等。而国民经济分析评估除了考虑项目的直接费用效益外，也需要考虑项目的间接费用效益。此外，财务效益分析评估中属于转移支付的内容在国民经济分析评估时也需要从中间剔除掉。

4. 二者分析评估的指标不同

财务效益分析评估中用来评估项目财务效益好坏的指标主要有财务净现值、财务内部收益率、投资利润率等；国民经济分析评估中用来评估项目国民经济效益好坏的指标则主要有经济净现值、影子汇率、社会折现率等。

除了以上几个不同之处外，项目财务效益分析评估与国民经济分析评估的评估对象也不相同，普通的工业企业项目大多只需要进行财务效益分析评估，不需要进行国民经济分析评估。而且，在一般情况下，对于既需要进行财务效益分析也需要进行国民经济分析评估的项目，大多数工业企业性质的项目往往需要先进行财务效益分析评估，然后再在财务效益分析的基础上，利用财务基础数据进行调整来进行国民经济分析评估；只有对于国家投资建设的基础设施类和公益类项目，则需要首先进行国民经济分析评估，然后再进行国民经济分析评估。

第二节　国家参数的计算与评估

一、国家参数的作用

国家参数即在国民经济评估中，用来计算和分析项目国民经济效益与费用的基础数据以及用以判断项目宏观经济合理性的判断标准。选择合适的国家参数，对于正确计算项目的国民经济效益、费用和评估指标具有重要的作用，也有助于做出正确的投资决策。

二、国家参数的类别

（一）按照参数的功能划分

按照参数在项目经济评估中的主要功能划分，可以分为计算参数和判断参数两类。

计算参数是用来计算项目国民经济效益和费用的基础数据，主要包括各种货物的影子价格、影子工资、影子换算系数、影子汇率等。

判断参数则是用来判断项目国民经济效益好坏的参数，主要包括社会折现率、行业基准收益率等。

（二）按照参数制定颁布的层次划分

按照参数制定的层次划分，国家参数可以分成国家级通用参数和项目级一般参数。

国家级通用参数指的是由国家综合管理部门或相关的专门机构组织测算、统一制定、定期调整和颁布的由全国各类项目统一使用。某些行业或部门也会根据该行业或部门的特点，在国家级通用参数的基础上，制定出适合于该行业类项目使用的参数。常用的国家级通用参数包括影子汇率、各种货物的影子价格的换算系数、社会折现率等。

项目级一般参数是指按照国家统一规定的原则和方法由项目自行测算的项目专用参数，主要包括各类项目所需要使用的主要投入物和生产出产出物的影子价格、项目占有资源的机会成本等。

（三）按照国家的规定划分

按照国家的规定来划分，国家参数可以分为规定性参数、指导性参数和自主性参数。

三、影子价格的计算

在项目的国民经济分析评估中，需要使用各种货物的影子价格来进行计算，所以首先需要理解影子价格的含义。

（一）影子价格（shadow price）的概念

在投资项目经济评估中，影子价格是其重要的参数，是进行国民经济评估时专用的价格。影子价格一般指的是当市场是完全自由竞争市场时，资源和产品在供求均衡状态下的均衡价格。影子价格是社会对货物真实价值的衡量，只有当市场处于均衡状态时才会出现，用于反映资源在市场供求状况下，反映资源稀缺程度以及资源得到最优配置时的价格。影子价格不是市场现行价格，需要对现行价格进行调整，才能得到真实的影子价格。

影子价格既反映了资源的稀缺程度，也反映了资源的边际使用价值。某一种资源越稀缺，边际使用价值越高，则其影子价格也就越高。反之，如果某一种资源在市场供给大于需求，则其影子价格为零。

（二）国家级通用参数的估算

国家级通用参数主要包括社会折现率、影子汇率、影子工资、土地的影子价格等。

1. 社会折现率（social discount rate）

社会折现率是从国家角度对资金机会成本和资金时间价值的衡量，是从整个国民经济角度所要求的资金投资收益率标准，反映了最佳资源分配和社会可以接受的最低投资收益率的限度。

社会折现率一般具有以下三方面的作用：首先它可以用于计算国民经济评估中经济净现值所采用的折现率；其次它可以用来衡量项目经济内部收益率的高低，从而判断项目经济可行性；最后它也可以作为检验拟建项目投资收益率的判断标准。

根据国家的投资收益水平、国民经济发展目标、宏观调控意图、资金机会成本、资金供需情况以及社会折现率对各类项目的影响等因素综合考虑，2006 年国家发改委与建设部发布的《建设项目经济评价方法与参数（第三版）》中规定社会折现率为 8%，由各类建设项目在国民经济评估时使用；如果是受益期长、风险较小、远期效益较大的建设项目，社会折现率则可以适当降低些，但不应该低于 6%。

2. 影子汇率（shadow exchange rate）

影子汇率最早是在 20 世纪 60 年代由经济学家哈伯格提出的，其最初的含义是单位外汇的社会福利价值。

影子汇率是与名义汇率区别开来的。

名义汇率指的是由国家货币当局制定的单位外汇的市场交易价格。由于各个经济体都会实施各种关税、出口补贴、非关税壁垒等贸易保护主义措施，它往往不能反映外币的真实价值。而影子汇率则是剔除了各种贸易保护政策导致的价格扭曲带来的影响后能够正确反映国家外汇经济价值的汇率。

影子汇率从国家角度体现了对外汇价值的估量。在国民经济评估中，项目的进口投入物和出口产出物，应该采用影子汇率来换算外汇与人民币。此外，影子汇率也是经济换汇成本与经济节汇成本的依据。

影子汇率不是固定不变的，它会随着官方汇率的变动而变动。影子汇率的计算可以根据影子汇率换算系数来进行。目前，我国统一测定和发布的影子汇率换算系数取值为 1.08。

影子汇率的计算公式为

$$影子汇率 = 国家官方外汇牌价 \times 影子汇率换算系数$$

（三）项目级一般参数的估算

项目级一般参数主要包括各类项目的投入物和产出物的影子价格。

估算项目投入物和产出物的影子价格，首先需要对其进行分类。项目投入物和产出物可以分为外贸货物、非外贸货物和特殊投入物三种。

外贸货物指的是项目在生产运营过程使用的投入物和产出物间接或直接影响到国家进出口的货物。如某一项目所生产的产出物虽然没有直接对外出口，但是它的生产导致同类产品货物对外出口增加，这种产出物就也属于外贸货物。

非外贸货物指的是其生产运营中的投入物与产出物对国家进出口不产生任何影响的货物。

特殊投入物则主要包括劳动力、土地以及各种自然资源等。

1. 非外贸货物的影子价格

非外贸货物的影子价格要根据项目涉及的货物对市场产生的影响以及其价格形成的原因来分别确定。

（1）如果项目某货物的价格是由市场确定的，则其影子价格分别为

投入物的影子价格=市场价格+国内运杂费

产出物的影子价格=市场价格－国内运杂费

（2）如果项目的生产规模非常大，该项目建设后，项目相关的投入物和产出物的市场价格会随之发生变化，则需要分别计算出"有项目"和"无项目"这两种情况下该项目投入物与产出物的价格，取其平均价格作为项目货物的影子价格。

（3）如果项目的某种货物的价格是由政府调控或指导产生的，则应该采用成本分解法和换算系数法来确定其货物的影子价格。在一般情况下，投入物根据成本分解法来确定其影子价格，产出物根据消费者的支付意愿来确定影子价格。

成本分解法即将货物的成本按其生产成本费用的构成要素进行分解，对其每一项分别计算其影子价格，然后进行汇总即可得到该货物的分解成本，该成本即货物的影子价格。采用该方法需要注意的是，如果某货物供不应求，则应该采用完全成本分解法进行分解计算；如果某货物供给比较富余，则可以采用可变成本分解定价。

换算系数法即对于项目中的一些非外贸货物，国家相关部门统一测定并颁布了其影子价格与财务价格之间的换算系数，根据该换算系数，则可以计算出非外贸货物的影子价格。计算公式为

影子价格=财务价格×影子价格换算系数

例如，目前国家统一测定和颁布的非外贸货物的影子价格转换系数，影子汇率的换算系数为 1.08，房屋建筑工程的影子价格换算系数为 1.1，交通运输中铁路的影子价格换算系数为 1.84 等。

2. 外贸货物的影子价格

项目建设生产所需的投入物以及生产的产出物直接或间接地影响国家进出口即为外贸货物。

1）项目投入物的影子价格

如果项目的投入物符合下面三种情况中的任意一种，则其属于外贸货物。第一，项目所需的投入物是从国外直接进口获得的；第二，项目所需的投入物虽然是由国内供应商提供的，但是挤占了该供应商原有的客户所需的投入物，其原有客户不得不通过从国外进口来满足其需求；第三，项目所需的投入物的供应商原来对外出口该投入物，由于项目的建设生产使用，使得供应商的出口减少。这三种不同情况下的投入物，其影子价格的计算方法也不尽相同。

（1）直接进口。

如图 9-1 所示，如果项目投入物是通过直接进口获得的，则其影子价格的计算公式为

影子价格=到岸价格×影子汇率+口岸到项目的运输费用和贸易费用

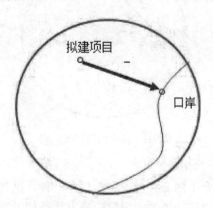

图 9-1 直接进口的投入物

（2）间接进口。

如图 9-2 所示，如果项目投入物是占用了其他项目的投入物，使其他项目从国外进口投入物，则其影子价格的计算公式为

影子价格=到岸价格×影子汇率+口岸到原来项目的运输费用和贸易费用－
供应商到原来项目的运输费用和贸易费用+供应商到拟建项目的运输费用
和贸易费用

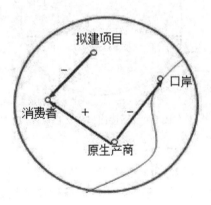

图 9-2 间接进口的投入物

在这种情况下，在进行项目评估时，往往很难获得可靠的项目的供应商以及原有用户的相关资料，因此一般可作简化处理，将其按直接进口来考虑。

（3）减少出口。

如图 9-3 所示，如果项目投入物的使用引起出口减少，则其影子价格的计算公式为

影子价格=离岸价格×影子汇率－供应商到口岸的运输费用和贸易费用+
供应商到项目的运输费用和贸易费用

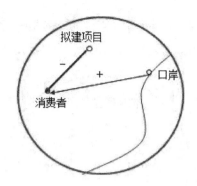

图 9-3　减少出口的投入物

2）项目产出物的影子价格

如果项目的产出物符合下面三种情况中的任意一种，则其属于外贸货物。第一，项目生产的产出物直接对外出口；第二，项目的产出物替代了其他项目的产出物销售给消费者，使用其他项目的产出物对外出口；第三，项目的产出物替代了进口产品。

（1）直接出口。

如图 9-4 所示，如果项目的产出物是对外出口的，则其影子价格的计算公式为

影子价格=离岸价格×影子汇率－拟建项目到口岸的运输费用和贸易费用

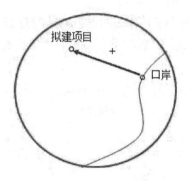

图 9-4　直接出口的产出物

（2）间接出口。

如图 9-5 所示，如果项目的产出物符合第二种情况，则其影子价格的计算公式为

影子价格=离岸价格×影子汇率－原生产商到口岸的运输费用和贸易费用+
　原生产商到消费者的运输费用和贸易费用－拟建项目到消费者的运输费
　用和贸易费用

在项目评估中，由于原来的生产厂商和消费者很难获得其相关资料，因此一般简化计算，可以按照直接出口来考虑。

（3）替代进口。

如图 9-6 所示，如果项目生产的产出物替代了进口产品，则其影子价格的计算公式为

影子价格=到岸价格×影子汇率－口岸到消费者的运输费用和贸易费用－拟建
　项目到消费者的运输费用和贸易费用

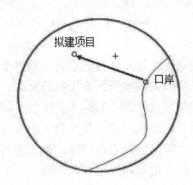

图 9-5 间接出口的产出物

在项目评估中，由于往往很难获得消费者的可靠资料，所以这种情况一般可以按照口岸的到岸价格进行计算。

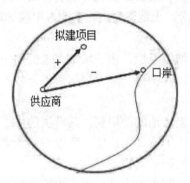

图 9-6 替代进口的产出物

3. 特殊投入物的影子价格

1）影子工资

影子工资即劳动力的影子价格，体现了项目使用劳动力，社会为此付出的代价。影子工资的高低，取决于劳动力用于拟建项目而使社会为此放弃的原有效益，由劳动力的就业或转移而引起的社会资源消耗和劳动力的边际产出构成。劳动力的边际产出，具体指的是一个项目所占用的劳动力在其他使用机会下可能创造出的最大效益；劳动力就业或转移而引起的社会资源消耗指的是劳动力在本项目新就业或由其他就业岗位转移到本项目而发生的社会资源消耗如培训费用、搬迁费用等。

影子工资的计算也是通过影子工资换算系数来进行的。

影子工资 = 财务工资 × 影子工资换算系数

影子工资换算系数的高低应该根据项目所在地的劳动力市场供需情况、劳动力就业或转移成本的高低来测定。

一般工业企业项目的影子工资换算系数大多为 1。

如果项目需要使用大量短缺的专业技术人员，其影子工资换算系数可以大于 1。

如果项目处于就业压力较大的地区，且项目要使用大量非专业人员，其影子工资换算系数可以小于1。

2）土地的影子价格

土地的影子价格一般反映了土地用于拟建项目之后，不能再用于其他用途所失去的国民经济效益，以及国民经济因为其建设而新消耗的资源。

项目所使用的土地以前的用途不同，其影子价格也不同。一般项目所使用的土地之前或者是农业用地，或者是城镇土地，或者是没有任何其他用途的偏僻的荒山野地。

（1）如果项目所使用的土地之前是农业用地，该土地的购置费中一般包括耕地补偿费、青苗补偿费、地上建筑物及附着物补偿费、安置补偿费、粮食开发基金、土地管理费等。在这些费用中，有一些属于机会成本性质，有一些属于新增资源消耗费用，有一些属于转移支付。

其中，耕地补偿费、青苗补偿费等属于机会成本性质，要按机会成本的计算方法调整计算；地上建筑物及附着物补偿费、安置补偿费等属于新增资源消耗费用，要按影子价格计算调整；粮食开发基金、土地管理费、耕地占用税等属于转移支付，需予以剔除，不进行考虑。

（2）如果项目占用的是城镇土地，由于城镇土地的使用一般通过协议出让、公开招标、拍卖三种方式获得，所以其价格一般也根据获得方式不同分为三类：协议地价、招标价格、拍卖价格。

其中，通过协议方式获得土地的使用权，其产生的协议地价一般不能反映出土地的供求关系，价格通常偏离了土地的真实价值，所以需要参考同类土地在市场上的公平交易价格，调整计算出该土地的影子价格。

通过公开招标和拍卖方式获得的土地，由于招标和拍卖产生的价格可以反映出土地的供求关系，其价格反映出了土地的真实价值，所以可以直接作为土地的影子价格。

（3）如果项目占用的土地是偏僻的没有其他用途的荒地，这种土地的机会成本为零，项目占用了该土地，国家不会产生任何损失，所以其影子价格为零。

第三节　国民经济费用与效益分析评估

一、国民经济费用与效益分析的基本原理

国民经济费用即国家为了项目的建设与生产所付出的代价；国民经济效益则指的是项目的建设与生产给国家作出的贡献。

（一）国民经济费用与效益的划分

从国民经济的角度出发，项目既存在直接效益和直接费用，也存在间接效益和间接费用。

1. 项目的直接效益和间接效益

项目的直接效益指的是由项目本身所产生的，由项目生产的产出物提供的，根据其

影子价格计算出的全部经济价值。

项目的直接效益通常表现为项目生产的产品或其提供的劳务满足了消费者的需求。如果项目生产的产品是最终产品，其会引起社会最终产品总量的增加；如果其不是最终产品而是中间产品，则其增加也会引起社会最终产品总量的增加；如果项目生产的产品不能增加产品的总量，那么它会使同类项目减产，从而减少资源的耗费；此外，项目生产的产品对外出口可以增加外汇或者有可能引起投入物的进口减少从而节约外汇，此种情况为其引起的外汇效益。

项目的间接效益指的是也是由项目所引起的，但是没有在其直接效益中反映出来的对社会所作的贡献。如某些项目不仅能给社会提供产品，它也可以提供劳动就业机会，创造良好的投资环境等。这些在项目的财务收入中是得不到反映的，但也属于项目效益的一部分。

2. 项目的直接费用和间接费用

项目的直接费用指的是为了满足项目投入物的需求，国家所付出的代价。即根据项目投入物的影子价格所计算出来的总的经济价值。依据项目投入物的具体情况，其直接费用的一般表现有：为了满足拟建项目所需的投入物，其供应部门所增加耗用的资源费用；拟建项目占用了其他项目的投入物，舍不得其他项目减产所减少的效益；拟建项目所需的投入物从国外进口获得，增加了国家的外汇支出；拟建项目占用了可以出口的投入物从而减少国家的外汇收入。项目的直接费用一般在其财务支出中都得到了反映。

项目的间接费用指的是项目本身并没有产生费用支出，但是由其导致的国民经济为其付出了代价而产生的那部分费用。如项目破坏了生态平衡，污染了环境后，国家治理环境所付出的费用等。

3. 内部效果和外部效果

项目的直接效益和直接费用统称为项目的内部效果，而项目的间接效益和间接费用则称为项目的外部效果。与项目的内部效果相比，项目的外部效果要更加难以识别，一般项目常见的外部效果有以下几个方面。

1）环境影响

环境影响指的是有些项目的实施会对生态环境产生破坏，如废气、废水、废渣的排放等给环境造成的影响，这种影响往往比较广泛，但是却很难量化处理，一般或者根据环保部门规定征收的排污费用计算，或者根据恢复环境质量所需支出的费用来计算。如果其影响不能量化处理，也必须对其进行定性的分析评估。

2）价格影响

价格影响指的是某些项目的实施，生产出大量的产出物用来出口，由于竞争和供求关系的变化，出口产品价格下降，其创汇效益也有所降低，这即项目的外部费用。但是如果在国内市场销售的产品由于同样原因价格下降时，从整个国家的角度分析，价格下降给企业带来的效益损失最终转移给了国内的消费者，并没有造成国民经济效益减少，所以这种情况不属于外部费用。

3）技术扩散效果

技术扩散效果指的是某一个项目实话之后，有可能会带动社会某项技术的发展与扩散，从而使整个社会受益。这种效果的影响往往比较重大，但是难以量化处理，所以一般遇到此种情况，需要对其进行定性分析。

4）产业关联效果

产业关联效果指的是拟建项目的实施，往往会引起其产业链上下游相关企业的变化。项目的实施可能会刺激相关产业上游企业扩大规模，并带动下游企业产生更好的经济效益。这种效果有些时候已经在其产出物和投入物的影子价格中反映出来了，已计入项目的直接效益和直接费用中；有些很难在影子价格中反映出来，则应该将其计入项目的间接效益和间接费用中，尽可能量化处理，如果不能也须进行定性分析。

与项目的内部效果相比，项目的外部效果往往不是非常明显，而且大多难以量化计算，所以一般需要慎重考虑，尽可能地量化处理，实在有困难，则也必须对其进行全面的定性分析。

（二）国民经济费用与效益分析的基本原则

在国民经济分析评估中，项目的国民经济费用和效益的分析一般需要遵循以下几方面的原则。

1. 剔除转移支付

转移支付指的是在项目的财务分析评估中，属于项目财务支出与收入的一些内容。从国民经济的角度来看，这些内容并不能使国家资源有所增加或有所减少，仅仅只能表示某种资源的支配权从一个经济实体转移到另外一个经济实体手中，只是国民经济内部的转移支付。在国民经济分析中，属于转移支付的内容要全部剔除掉，不再予以考虑。

如税收，从国家的角度来看，仅仅是资金的支配权从企业转移到了国家政府；国内贷款利息则是从企业转移到了银行；补贴收入则是从国家政府转移到了企业，它们没有增加任何资源也没有减少任何资源，即是转移支付。

2. 只关注境内居民，从国家的角度出发

国民经济费用和效益分析时，有些项目与进出口有关系，会对国外的居民也产生一定的影响，但是在国民经济分析评估时，应该站在国家的角度，从全社会出发，重点分析其对境内居民产生的影响。

3. 考虑关联效果

在国民经济分析评估中，除了项目产生的明显的内部效果之外，也需要考虑项目的实施可能会对外界产生的其他的关联效果，而且应该尽可能地对这些关联效果进行量化处理，并同时避免重复计算。

4. 清楚项目的财务收入与国民经济效益以及财务支出与国民经济费用的区别

（三）国民经济费用与效益分析的调整评估

对于大多普通的工业企业项目，其国民经济分析评估往往是在财务分析评估的基础之上调整进行的。其调整评估的基本原则是：财务分析中采用财务价格计算的要用影子价格调整计算；财务分析中属于转移支付的内容全部剔除掉。

1. 固定资产投资的调整

（1）固定资产投资中的建筑工程费用一般按照国家统一规定的影子价格换算系数法进行调整。

（2）设备作为项目的投入物，如果设备是从国内购置的，则按照非外贸货物影子价格的计算方法估算出其影子价格调整计算；如果是进口设备，则需要剔除掉财务评估中设备购置费中属于转移支付的内容，采用影子汇率等进行调整计算。

（3）安装费用则根据设备的类型以及财务评估中安装费用计算采取的方法，分情况进行调整计算。

（4）土地费用则用土地的影子价格替换调整计算。

（5）涨价预备费剔除掉。

2. 流动资金的调整

（1）流动资产中的货币资金、结算资金属于转移支付，需要剔除掉再来进行计算。

（2）现金、存货、应收账款以及应付账款中按影子价格分项调整计算。

3. 销售收入的调整

根据项目既定的生产能力确定项目产出物的产量，根据项目产出物所属的货物类型，分别计算其各种产出物的影子价格，采用影子价格计算出项目的销售收入。

4. 生产成本费用的调整

（1）项目生产所需的原材料、燃料、动力按其所属的货物类型进行划分，分类别计算出其影子价格，然后再计算出其总的费用。

（2）员工的工资则应该根据项目的具体情况，采用影子工资换算系数计算出项目的影子工资。

（3）折旧费和国内贷款利息应该剔除掉。

（4）修理费需要根据调整之后的固定资产价值来进行调整计算。

（5）其他费用根据项目的实际情况，结合影子价格的计算方法，进行调整计算。

二、国民经济评估的基本报表

在进行国民经济分析评估时，也同样需要编制一些报表，用来反映项目的国民经济费用和效益，并计算国民经济分析评估所需的指标。

国民经济分析评估中常编制的报表包括：国民经济全部投资的效益费用流量表、国民经济国内投资的效益费用流量表、经济外汇流量表。

（一）国民经济全部投资的效益费用流量表

国民经济全部投资的效益费用流量表（见表 9-1）需要以项目的全部投资为口径，计算项目各年度的国民经济和费用流量。

表 9-1   国民经济全部投资效益费用流量表

单位：万元

序号	项目	合计	计算期		
			1	2	n
1	效益流量				
1.1	销售收入				
1.2	回收的固定资产残余				
1.3	回收的流动资金残余				
1.4	间接效益				
2	费用流量				
2.1	固定资产投资				
2.2	流动资金				
2.3	生产经营费用				
2.4	间接费用				
3	净效益流量（1-2）				

（二）国民经济国内投资的效益费用流量表

有些项目可能会使用来自国外的投资资金或国外的贷款，对于此类项目，还需要以国内投资为口径，编制出国内投资的经济效益费用流量表（见表 9-2）。

表 9-2   国民经济国内投资效益费用流量表

单位：万元

序号	项目	合计	计算期		
			1	2	n
1	效益流量				
1.1	销售收入				
1.2	回收的固定资产残余				
1.3	回收的流动资金残余				
1.4	间接效益				
2	费用流量				

序号	项目	合计	计算期		
			1	2	n
2.1	固定资产投资中国内投资				
2.2	流动资金中国内投资				
2.3	生产经营费用				
2.4	流出到国外的资金				
2.4.1	国外贷款本金				
2.4.2	国外贷款利息				
2.4.3	其他				
2.5	间接费用				
3	净效益流量（1-2）				

（三）经济外汇流量表

有些项目生产的产品对外出口，有些项目生产的产品可以替代进口产品，对于此类能帮助国家创汇或节约外汇的项目，还需要编制经济外汇流量表（见表9-3），分析项目的外汇效果。

表9-3　国民经济外汇流量表

单位：万元

序号	项目	合计	计算期		
			1	2	n
1	外汇流入				
1.1	产品销售的外汇收入				
1.2	外汇借款				
1.2.1	长期借款				
1.2.2	流动资金借款				
1.3	自有外汇资金				
1.4	其他外汇收入				
2	外汇流出				
2.1	固定资产投资中外汇支出				
2.2	进口原材料				
2.3	进口零部件				
2.4	技术转让费				
2.5	偿付外汇借款本息				
2.6	其他外汇支出				

续表

序号	项目	合计	计算期			
			1	2		n
3	净外汇流量（1-2）					
4	产品替代进口收入					
5	净外汇效果（3+4）					

三、国民经济评估指标

在实际的国民经济分析评估中，一般只分析国民经济盈利能力和外汇效果，国民经济的社会效益通常只进行定性分析。

（一）国民经济盈利能力分析

分析项目的国民经济盈利能力，主要通过计算经济净现值、经济内部收益率和经济效益费用比值来进行。

1. 经济净现值 ENPV

经济净现值，即采用社会折现率，将项目计算期内每一年的净效益流量折算到建设期期初，加总到一起的现值之和。

经济净现值的计算公式为

$$\text{ENPV} = \sum_{n=0}^{m} \frac{(B-C)_n}{(1+i_s)^n} \geqslant 0$$

其中：B 为项目的效益流入量；C 为项目的费用流出量；$(B-C)_n$ 为项目第 n 年的净效益流量；i_s 为社会折现率；m 为项目的计算期。

在国民经济评估中，可以利用经济净现值来评价项目对国民经济作出的净贡献。如果经济净现值大于或等于零，则表明国家为拟建项目付出代价后，获得了超额的社会盈余，在这种情况下，则项目是可以考虑进行建设的。反之，如果经济净现值小于零，项目不应该进行建设。

2. 经济内部收益率 EIRR

经济内部收益率是指在项目的计算期内每年总计的经济净现值之和为零时的折现率。

经济内部收益率的计算公式为

$$\sum_{n=0}^{m} \frac{(B-C)_n}{(1+\text{EIRR})^n} = 0$$

$$\text{EIRR} \geqslant \text{社会折现率}$$

$$\text{FIRR} \geqslant \text{基准投资收益率}$$

其中：B 为项目的效益流入量；C 为项目的费用流出量；$(B-C)_n$ 为项目第 n 年的净效益

流量；m 为项目的计算期；EIRR 为项目的经济内部收益率。

在国民经济评估中，经济内部收益率是用来反映项目对国民经济贡献的一个相对指标，如果经济内部收益率大于或等于社会折现率，则项目可以考虑进行建设；反之，如果经济内部收益率小于社会折现率，则应该拒绝该项目的建设。

3. 经济效益费用比值

经济效益费用比值指的是项目在计算期内每一期效益流量的现值之和与旨用流量现值之和的比率，它是国民经济分析评估的辅助评价指标。

经济效益费用比值的计算公式为

$$R = \frac{\sum_{n=0}^{m} B_n (1+i_s)^{-n}}{\sum_{n=0}^{m} C_n (1+i_s)^{-n}} \geqslant 1$$

其中：B 为项目的效益流入量；C 为项目的费用流出量；i_s 为社会折现率；m 为项目的计算期；R 为项目的效益费用比。

如果项目的经济效益费用比值大于或等于 1，可以考虑建设该项目；反之，如果项目的经济效益费用比值小于 1，则应该拒绝建设该项目。

（二）国民经济外汇效果分析

分析项目的外汇效果，常用的三个指标为经济外汇净现值、换汇成本和节汇成本。

1. 经济外汇净现值 ENPVF

经济外汇净现值是指生产出口产品的项目在计算期内每年的外汇流入与外汇流出的差额按社会折现率计算出的现值之和。

经济外汇净现值的计算公式为

$$\text{ENPVF} = \sum_{n=0}^{m} \frac{(FI - FO)_n}{(1+i_s)^n} \geqslant 0$$

其中：FI 为生产出口产品项目的外汇流入量；FO 为项目的外汇流出量；$(FI - FO)_n$ 为项目第 n 年的净外汇流量；i_s 为社会折现率；m 为项目的计算期。

经济外汇净现值主要用以评价拟建项目实施之后对于国家外汇产生的净贡献。在一般情况下，对于生产出口产品的项目，该指标应该大于或等于零，说明项目是可行的。

2. 经济换汇成本 CF

经济换汇成本指的是每换回一美元的外汇所需要投入的人民币金额。其计算公式为：

$$\text{CF} = \frac{\sum_{n=0}^{m} DR_n (1+i_s)^{-n} (\text{人民币})}{\sum_{n=0}^{m} (FI - FO)_n (1+i_s)^{-n} (\text{美元})} \leqslant \text{影子汇率}$$

其中：FI 为生产出口产品项目的外汇流入量；FO 为项目的外汇流出量；$(FI-FO)_n$ 为项目第 n 年的净外汇流量；DR_n 为项目在第 n 年为生产出口产品而投入的国内资源；i_s 为社会折现率；m 为项目的计算期。

经济换汇成本主要是针对有产品直接出口的项目，此类项目需要通过计算换汇成本，判断项目产品出口到国外在国际上的竞争能力，进而判断产品是否应该出口。在一般情况下，如果经济换汇成本小于或等于影子汇率，则说明该项目生产的产品出口是有利可图的；反之，则不应该出口。

3. 节汇成本

经济节汇成本指的是每节约一美元的外汇所需要投入的人民币金额。其计算公式为

$$经济节汇成本 = \frac{\sum_{n=0}^{m} DR_n^1 (1+i_s)^{-n}（人民币）}{\sum_{n=0}^{m} (FI^1 - FO^1)_n (1+i_s)^{-n}（美元）} \leqslant 影子汇率$$

其中：FI^1 为产品替代进口的节汇额；FO^1 为生产替代进口产品的外汇流出量；$(FI^1-FO^1)_n$ 为项目第 n 年的净节汇额；DR_n^1 为项目在第 n 年为生产进口替代产品而投入的国内资源；i_s 为社会折现率；m 为项目的计算期。

经济节汇成本主要用于评价生产替代进口产品的投资项目的外汇效果。与换汇成本不同的是，它的外汇收入不是通过产品出口获得的，而是由于项目产品替代进口产品从而减少国家的外汇支出而产生的。在一般情况下，如果经济节汇成本小于或等于影子汇率，则说明可以考虑投资建设该生产替代进口产品的项目；反之，则应该否决该项目。

练 习 题

1. 对于同一项目，其国民经济分析评估与财务分析评估有何异同？
2. 什么是影子价格？如何确定外贸货物、非外贸货物的影子价格？
3. 什么是转移支付？
4. 在国民经济评估中，项目的效益与费用分别包含哪些内容？
5. 分别可以用哪些指标来评估项目的国民经济盈利能力以及外汇效果？

参 考 文 献

[1] 中国国际工程咨询公司，投资项目经济咨询评估指南[M]. 北京：中国经济出版社，2000.

[2] 《投资项目可行性研究指南》编写组. 投资项目可行性研究指南[M]. 北京：中国电力出版社，2002.

[3] 《项目管理工具箱》编写组. 项目管理工具箱[M]. 北京：机械工业出版社，2011.

[4] 周惠珍. 投资项目评估[M]. 大连：东北财经大学出版社，2013.

[5] 李晓蓉. 投资项目评估[M]. 南京：南京大学出版社，2005.

[6] 王勇. 项目可行性研究与评估[M]. 北京：中国建筑工业出版社，2010.

[7] 王勇. 投资项目可行性分析——理论精要与案例解析[M]. 北京：电子工业出版社，2008.

[8] 邹一峰. 中外投资项目评价[M]. 南京：南京大学出版社，2008.

[9] 徐强. 投资项目评估[M]. 南京：东南大学出版社，2010.

[10] 成其谦. 投资项目评价[M]. 北京：中国人民大学出版社，2010.

[11] 苏益. 投资项目评估[M]. 北京：清华大学出版社，2011.

[12] 蒲建明. 项目投资与融资[M]. 北京：化学工业出版社，2009.

[13] 李德荃，陈秀花，赵国庆. 项目评估[M]. 北京：对外经济贸易大学出版社，2012.

[14] 陈志斌. 项目评估学[M]. 南京：南京大学出版社，2007.

附　表

复利终值系数表 1

期数	1%	2%	3%	4%	5%	6%	7%	8%
1	1.01	1.02	1.03	1.04	1.05	1.06	1.07	1.08
2	1.0201	1.0404	1.0609	1.0816	1.1025	1.1236	1.1449	1.1664
3	1.030301	1.061208	1.092727	1.124864	1.157625	1.191016	1.225043	1.259712
4	1.040604	1.082432	1.125509	1.169859	1.215506	1.262477	1.310796	1.360489
5	1.05101	1.104081	1.159274	1.216653	1.276282	1.338226	1.402552	1.469328
6	1.06152	1.126162	1.194052	1.265319	1.340096	1.418519	1.50073	1.586874
7	1.072135	1.148686	1.229874	1.315932	1.4071	1.50363	1.605781	1.713824
8	1.082857	1.171659	1.26677	1.368569	1.477455	1.593848	1.718186	1.85093
9	1.093685	1.195093	1.304773	1.423312	1.551328	1.689479	1.838459	1.999005
10	1.104622	1.218994	1.343916	1.480244	1.628895	1.790848	1.967151	2.158925
11	1.115668	1.243374	1.384234	1.539454	1.710339	1.898299	2.104852	2.331639
12	1.126825	1.268242	1.425761	1.601032	1.795856	2.012196	2.252192	2.51817
13	1.138093	1.293607	1.468534	1.665074	1.885649	2.132928	2.409845	2.719624
14	1.149474	1.319479	1.51259	1.731676	1.979932	2.260904	2.578534	2.937194
15	1.160969	1.345868	1.557967	1.800944	2.078928	2.396558	2.759032	3.172169
16	1.172579	1.372786	1.604706	1.872981	2.182875	2.540352	2.952164	3.425943
17	1.184304	1.400241	1.652848	1.9479	2.292018	2.692773	3.158815	3.700018
18	1.196147	1.428246	1.702433	2.025817	2.406619	2.854339	3.379932	3.996019
19	1.208109	1.456811	1.753506	2.106849	2.52695	3.0256	3.616528	4.315701
20	1.22019	1.485947	1.806111	2.191123	2.653298	3.207135	3.869684	4.660957
21	1.232392	1.515666	1.860295	2.278768	2.785963	3.399564	4.140562	5.033834
22	1.244716	1.54598	1.916103	2.369919	2.925261	3.603537	4.430402	5.43654
23	1.257163	1.576899	1.973587	2.464716	3.071524	3.81975	4.74053	5.871464
24	1.269735	1.608437	2.032794	2.563304	3.2251	4.048935	5.072367	6.341181
25	1.282432	1.640606	2.093778	2.665836	3.386355	4.291871	5.427433	6.848475

复利终值系数表 **2**

期数	9%	10%	11%	12%	13%	14%	15%	16%
1	1.09	1.1	1.11	1.12	1.13	1.14	1.15	1.16
2	1.1881	1.21	1.2321	1.2544	1.2769	1.2996	1.3225	1.3456
3	1.295029	1.331	1.367631	1.404928	1.442897	1.481544	1.520875	1.560896
4	1.411582	1.4641	1.51807	1.573519	1.630474	1.68896	1.749006	1.810639
5	1.538624	1.61051	1.685058	1.762342	1.842435	1.925415	2.011357	2.100342
6	1.6771	1.771561	1.870415	1.973823	2.081952	2.194973	2.313061	2.436396
7	1.828039	1.948717	2.07616	2.210681	2.352605	2.502269	2.66002	2.82622
8	1.992563	2.143589	2.304538	2.475963	2.658444	2.852586	3.059023	3.278415
9	2.171893	2.357948	2.558037	2.773079	3.004042	3.251949	3.517876	3.802961
10	2.367364	2.593742	2.839421	3.105848	3.394567	3.707221	4.045558	4.411435
11	2.580426	2.853117	3.151757	3.47855	3.835861	4.226232	4.652391	5.117265
12	2.812665	3.138428	3.498451	3.895976	4.334523	4.817905	5.35025	5.936027
13	3.065805	3.452271	3.88328	4.363493	4.898011	5.492411	6.152788	6.885791
14	3.341727	3.797498	4.310441	4.887112	5.534753	6.261349	7.075706	7.987518
15	3.642482	4.177248	4.784589	5.473566	6.25427	7.137938	8.137062	9.265521
16	3.970306	4.594973	5.310894	6.130394	7.067326	8.137249	9.357621	10.748
17	4.327633	5.05447	5.895093	6.866041	7.986078	9.276464	10.76126	12.46768
18	4.71712	5.559917	6.543553	7.689966	9.024268	10.57517	12.37545	14.46251
19	5.141661	6.115909	7.263344	8.612762	10.19742	12.05569	14.23177	16.77652
20	5.604411	6.7275	8.062312	9.646293	11.52309	13.74349	16.36654	19.46076
21	6.108808	7.40025	8.949166	10.80385	13.02109	15.66758	18.82152	22.57448
22	6.6586	8.140275	9.933574	12.10031	14.71383	17.86104	21.64475	26.1864
23	7.257874	8.954302	11.02627	13.55235	16.62663	20.36158	24.89146	30.37622
24	7.911083	9.849733	12.23916	15.17863	18.78809	23.21221	28.62518	35.23642
25	8.623081	10.83471	13.58546	17.00006	21.23054	26.46192	32.91895	40.87424

复利终值系数表 **3**

期数	17%	18%	19%	20%	21%	22%	23%	24%	25%
1	1.17	1.18	1.19	1.2	1.21	1.22	1.23	1.24	1.25
2	1.3689	1.3924	1.4161	1.44	1.4641	1.4884	1.5129	1.5376	1.5625
3	1.601613	1.643032	1.685159	1.728	1.771561	1.815848	1.860867	1.906624	1.953125
4	1.873887	1.938778	2.005339	2.0736	2.143589	2.215335	2.288866	2.364214	2.441406

续表

期数	17%	18%	19%	20%	21%	22%	23%	24%	25%
5	2.192448	2.287758	2.386354	2.48832	2.593742	2.702708	2.815306	2.931625	3.051758
6	2.565164	2.699554	2.839761	2.985984	3.138428	3.297304	3.462826	3.635215	3.814697
7	3.001242	3.185474	3.379315	3.583181	3.797498	4.022711	4.259276	4.507667	4.768372
8	3.511453	3.758859	4.021385	4.299817	4.594973	4.907707	5.238909	5.589507	5.960464
9	4.1084	4.435454	4.785449	5.15978	5.559917	5.987403	6.443859	6.930988	7.450581
10	4.806828	5.233836	5.694684	6.191736	6.7275	7.304631	7.925946	8.594426	9.313226
11	5.623989	6.175926	6.776674	7.430084	8.140275	8.91165	9.748914	10.65709	11.64153
12	6.580067	7.287593	8.064242	8.9161	9.849733	10.87221	11.99116	13.21479	14.55192
13	7.698679	8.599359	9.596448	10.69932	11.91818	13.2641	14.74913	16.38634	18.18989
14	9.007454	10.14724	11.41977	12.83918	14.42099	16.1822	18.14143	20.31906	22.73737
15	10.53872	11.97375	13.58953	15.40702	17.4494	19.74229	22.31396	25.19563	28.42171
16	12.3303	14.12902	16.17154	18.48843	21.11378	24.08559	27.44617	31.24259	35.52714
17	14.42646	16.67225	19.24413	22.18611	25.54767	29.38442	33.75879	38.74081	44.40892
18	16.87895	19.67325	22.90052	26.62333	30.91268	35.84899	41.52331	48.0386	55.51115
19	19.74838	23.21444	27.25162	31.948	37.40434	43.73577	51.07368	59.56786	69.38894
20	23.1056	27.39303	32.42942	38.3376	45.25926	53.35764	62.82062	73.86415	86.73617
21	27.03355	32.32378	38.59101	46.00512	54.7637	65.09632	77.26936	91.59155	108.4202
22	31.62925	38.14206	45.92331	55.20614	66.26408	79.41751	95.04132	113.5735	135.5253
23	37.00623	45.00763	54.64873	66.24737	80.17953	96.88936	116.9008	140.8312	169.4066
24	43.29729	53.10901	65.03199	79.49685	97.01723	118.205	143.788	174.6306	211.7582
25	50.65783	62.66863	77.38807	95.39622	117.3909	144.2101	176.8593	216.542	264.6978

复利现值系数表 1

期数	1%	2%	3%	4%	5%	6%	7%	8%
1	0.990099	0.980392	0.970874	0.961538	0.952381	0.943396	0.934579	0.925926
2	0.980296	0.961169	0.942596	0.924556	0.907029	0.889996	0.873439	0.857339
3	0.97059	0.942322	0.915142	0.888996	0.863838	0.839619	0.816298	0.793832
4	0.96098	0.923845	0.888487	0.854804	0.822702	0.792094	0.762895	0.73503
5	0.951466	0.905731	0.862609	0.821927	0.783526	0.747258	0.712986	0.680583
6	0.942045	0.887971	0.837484	0.790315	0.746215	0.704961	0.666342	0.63017
7	0.932718	0.87056	0.813092	0.759918	0.710681	0.665057	0.62275	0.58349
8	0.923483	0.85349	0.789409	0.73069	0.676839	0.627412	0.582009	0.540269

续表

期数	1%	2%	3%	4%	5%	6%	7%	8%
9	0.91434	0.836755	0.766417	0.702587	0.644609	0.591898	0.543934	0.500249
10	0.905287	0.820348	0.744094	0.675564	0.613913	0.558395	0.508349	0.463193
11	0.896324	0.804263	0.722421	0.649581	0.584679	0.526788	0.475093	0.428883
12	0.887449	0.788493	0.70138	0.624597	0.556837	0.496969	0.444012	0.397114
13	0.878663	0.773033	0.680951	0.600574	0.530321	0.468839	0.414964	0.367698
14	0.869963	0.757875	0.661118	0.577475	0.505068	0.442301	0.387817	0.340461
15	0.861349	0.743015	0.641862	0.555265	0.481017	0.417265	0.362446	0.315242
16	0.852821	0.728446	0.623167	0.533908	0.458112	0.393646	0.338735	0.29189
17	0.844377	0.714163	0.605016	0.513373	0.436297	0.371364	0.316574	0.270269
18	0.836017	0.700159	0.587395	0.493628	0.415521	0.350344	0.295864	0.250249
19	0.82774	0.686431	0.570286	0.474642	0.395734	0.330513	0.276508	0.231712
20	0.819544	0.672971	0.553676	0.456387	0.376889	0.311805	0.258419	0.214548
21	0.81143	0.659776	0.537549	0.438834	0.358942	0.294155	0.241513	0.198656
22	0.803396	0.646839	0.521893	0.421955	0.34185	0.277505	0.225713	0.183941
23	0.795442	0.634156	0.506692	0.405726	0.325571	0.261797	0.210947	0.170315
24	0.787566	0.621721	0.491934	0.390121	0.310068	0.246979	0.197147	0.157699
25	0.779768	0.609531	0.477606	0.375117	0.295303	0.232999	0.184249	0.146018

复利现值系数表 2

期数	9%	10%	11%	12%	13%	14%	15%	16%
1	0.917431	0.909091	0.900901	0.892857	0.884956	0.877193	0.869565	0.862069
2	0.84168	0.826446	0.811622	0.797194	0.783147	0.769468	0.756144	0.743163
3	0.772183	0.751315	0.731191	0.71178	0.69305	0.674972	0.657516	0.640658
4	0.708425	0.683013	0.658731	0.635518	0.613319	0.59208	0.571753	0.552291
5	0.649931	0.620921	0.593451	0.567427	0.54276	0.519369	0.497177	0.476113
6	0.596267	0.564474	0.534641	0.506631	0.480319	0.455587	0.432328	0.410442
7	0.547034	0.513158	0.481658	0.452349	0.425061	0.399637	0.375937	0.35383
8	0.501866	0.466507	0.433926	0.403883	0.37616	0.350559	0.326902	0.305025
9	0.460428	0.424098	0.390925	0.36061	0.332885	0.307508	0.284262	0.262953
10	0.422411	0.385543	0.352184	0.321973	0.294588	0.269744	0.247185	0.226684
11	0.387533	0.350494	0.317283	0.287476	0.260698	0.236617	0.214943	0.195417
12	0.355535	0.318631	0.285841	0.256675	0.230706	0.207559	0.186907	0.168463

期数	9%	10%	11%	12%	13%	14%	15%	16%
13	0.326179	0.289664	0.257514	0.229174	0.204165	0.182069	0.162528	0.145227
14	0.299246	0.263331	0.231995	0.20462	0.180677	0.15971	0.141329	0.125195
15	0.274538	0.239392	0.209004	0.182696	0.159891	0.140096	0.122894	0.107927
16	0.25187	0.217629	0.188292	0.163122	0.141496	0.122892	0.106865	0.093041
17	0.231073	0.197845	0.169633	0.145644	0.125218	0.1078	0.092926	0.080207
18	0.211994	0.179859	0.152822	0.13004	0.110812	0.094561	0.080805	0.069144
19	0.19449	0.163508	0.137678	0.116107	0.098064	0.082948	0.070265	0.059607
20	0.178431	0.148644	0.124034	0.103667	0.086782	0.072762	0.0611	0.051385
21	0.163698	0.135131	0.111742	0.09256	0.076798	0.063826	0.053131	0.044298
22	0.150182	0.122846	0.100669	0.082643	0.067963	0.055988	0.046201	0.038188
23	0.137781	0.111678	0.090693	0.073788	0.060144	0.049112	0.040174	0.03292
24	0.126405	0.101526	0.081705	0.065882	0.053225	0.043081	0.034934	0.02838
25	0.115968	0.092296	0.073608	0.058823	0.047102	0.03779	0.030378	0.024465

复利现值系数表 3

期数	17%	18%	19%	20%	21%	22%	23%	24%	25%
1	0.854701	0.847458	0.840336	0.833333	0.826446	0.819672	0.813008	0.806452	0.8
2	0.730514	0.718184	0.706165	0.694444	0.683013	0.671862	0.660982	0.650364	0.64
3	0.624371	0.608631	0.593416	0.578704	0.564474	0.550707	0.537384	0.524487	0.512
4	0.53365	0.515789	0.498669	0.482253	0.466507	0.451399	0.436897	0.422974	0.4096
5	0.456111	0.437109	0.419049	0.401878	0.385543	0.369999	0.355201	0.341108	0.32768
6	0.389839	0.370432	0.352142	0.334898	0.318631	0.303278	0.288781	0.275087	0.262144
7	0.333195	0.313925	0.295918	0.279082	0.263331	0.248589	0.234782	0.221844	0.209715
8	0.284782	0.266038	0.248671	0.232568	0.217629	0.203761	0.190879	0.178907	0.167772
9	0.243404	0.225456	0.208967	0.193807	0.179859	0.167017	0.155187	0.14428	0.134218
10	0.208037	0.191064	0.175602	0.161506	0.148644	0.136899	0.126168	0.116354	0.107374
11	0.17781	0.161919	0.147565	0.134588	0.122846	0.112213	0.102576	0.093834	0.085899
12	0.151974	0.13722	0.124004	0.112157	0.101526	0.091978	0.083395	0.075673	0.068719
13	0.129892	0.116288	0.104205	0.093464	0.083905	0.075391	0.067801	0.061026	0.054976
14	0.111019	0.098549	0.087567	0.077887	0.069343	0.061796	0.055122	0.049215	0.04398
15	0.094888	0.083516	0.073586	0.064905	0.057309	0.050653	0.044815	0.039689	0.035184
16	0.081101	0.070776	0.061837	0.054088	0.047362	0.041519	0.036435	0.032008	0.028147

续表

期数	17%	18%	19%	20%	21%	22%	23%	24%	25%
17	0.069317	0.05998	0.051964	0.045073	0.039143	0.034032	0.029622	0.025813	0.022518
18	0.059245	0.05083	0.043667	0.037561	0.032349	0.027895	0.024083	0.020817	0.018014
19	0.050637	0.043077	0.036695	0.031301	0.026735	0.022865	0.01958	0.016788	0.014412
20	0.04328	0.036506	0.030836	0.026084	0.022095	0.018741	0.015918	0.013538	0.011529
21	0.036991	0.030937	0.025913	0.021737	0.01826	0.015362	0.012942	0.010918	0.009223
22	0.031616	0.026218	0.021775	0.018114	0.015091	0.012592	0.010522	0.008805	0.007379
23	0.027022	0.022218	0.018299	0.015095	0.012472	0.010321	0.008554	0.007101	0.005903
24	0.023096	0.018829	0.015377	0.012579	0.010307	0.00846	0.006955	0.005726	0.004722
25	0.01974	0.015957	0.012922	0.010483	0.008519	0.006934	0.005654	0.004618	0.003778

年金终值系数表 1

期数	1%	2%	3%	4%	5%	6%	7%	8%
1	1	1	1	1	1	1	1	1
2	2.01	2.02	2.03	2.04	2.05	2.06	2.07	2.08
3	3.0301	3.0604	3.0909	3.1216	3.1525	3.1836	3.2149	3.2464
4	4.060401	4.121608	4.183627	4.246464	4.310125	4.374616	4.439943	4.506112
5	5.101005	5.20404	5.309136	5.416323	5.525631	5.637093	5.750739	5.866601
6	6.152015	6.308121	6.46841	6.632975	6.801913	6.975319	7.153291	7.335929
7	7.213535	7.434283	7.662462	7.898294	8.142008	8.393838	8.654021	8.922803
8	8.285671	8.582969	8.892336	9.214226	9.549109	9.897468	10.2598	10.63663
9	9.368527	9.754628	10.15911	10.5828	11.02656	11.49132	11.97799	12.48756
10	10.46221	10.94972	11.46388	12.00611	12.57789	13.18079	13.81645	14.48656
11	11.56683	12.16872	12.8078	13.48635	14.20679	14.97164	15.7836	16.64549
12	12.6825	13.41209	14.19203	15.02581	15.91713	16.86994	17.88845	18.97713
13	13.80933	14.68033	15.61779	16.62684	17.71298	18.88214	20.14064	21.4953
14	14.94742	15.97394	17.08632	18.29191	19.59863	21.01507	22.55049	24.21492
15	16.0969	17.29342	18.59891	20.02359	21.57856	23.27597	25.12902	27.15211
16	17.25786	18.63929	20.15688	21.82453	23.65749	25.67253	27.88805	30.32428
17	18.43044	20.01207	21.76159	23.69751	25.84037	28.21288	30.84022	33.75023
18	19.61475	21.41231	23.41444	25.64541	28.13238	30.90565	33.99903	37.45024
19	20.8109	22.84056	25.11687	27.67123	30.539	33.75999	37.37896	41.44626
20	22.019	24.29737	26.87037	29.77808	33.06595	36.78559	40.99549	45.76196

续表

期数	1%	2%	3%	4%	5%	6%	7%	8%
21	23.23919	25.78332	28.67649	31.9692	35.71925	39.99273	44.86518	50.42292
22	24.47159	27.29898	30.53678	34.24797	38.50521	43.39229	49.00574	55.45676
23	25.7163	28.84496	32.45288	36.61789	41.43048	46.99583	53.43614	60.8933
24	26.97346	30.42186	34.42647	39.0826	44.502	50.81558	58.17667	66.76476
25	28.2432	32.0303	36.45926	41.64591	47.7271	54.86451	63.24904	73.10594

年金终值系数表 2

期数	9%	10%	11%	12%	13%	14%	15%	16%
1	1	1	1	1	1	1	1	1
2	2.09	2.1	2.11	2.12	2.13	2.14	2.15	2.16
3	3.2781	3.31	3.3421	3.3744	3.4069	3.4396	3.4725	3.5056
4	4.573129	4.641	4.709731	4.779328	4.849797	4.921144	4.993375	5.066496
5	5.984711	6.1051	6.227801	6.352847	6.480271	6.610104	6.742381	6.877135
6	7.523335	7.71561	7.91286	8.115189	8.322706	8.535519	8.753738	8.977477
7	9.200435	9.487171	9.783274	10.08901	10.40466	10.73049	11.0668	11.41387
8	11.02847	11.43589	11.85943	12.29969	12.75726	13.23276	13.72682	14.24009
9	13.02104	13.57948	14.16397	14.77566	15.41571	16.08535	16.78584	17.51851
10	15.19293	15.93742	16.72201	17.54874	18.41975	19.3373	20.30372	21.32147
11	17.56029	18.53117	19.56143	20.65458	21.81432	23.04452	24.34928	25.7329
12	20.14072	21.38428	22.71319	24.13313	25.65018	27.27075	29.00167	30.85017
13	22.95338	24.52271	26.21164	28.02911	29.9847	32.08865	34.35192	36.7862
14	26.01919	27.97498	30.09492	32.3926	34.88271	37.58107	40.50471	43.67199
15	29.36092	31.77248	34.40536	37.27971	40.41746	43.84241	47.58041	51.65951
16	33.0034	35.94973	39.18995	42.75328	46.67173	50.98035	55.71747	60.92503
17	36.9737	40.5447	44.50084	48.88367	53.73906	59.1176	65.07509	71.67303
18	41.30134	45.59917	50.39594	55.74971	61.72514	68.39407	75.83636	84.14072
19	46.01846	51.15909	56.93949	63.43968	70.74941	78.96923	88.21181	98.60323
20	51.16012	57.275	64.20283	72.05244	80.94683	91.02493	102.4436	115.3797
21	56.76453	64.0025	72.26514	81.69874	92.46992	104.7684	118.8101	134.8405
22	62.87334	71.40275	81.21431	92.50258	105.491	120.436	137.6316	157.415
23	69.53194	79.54302	91.14788	104.6029	120.2048	138.297	159.2764	183.6014
24	76.78981	88.49733	102.1742	118.1552	136.8315	158.6586	184.1678	213.9776
25	84.7009	98.34706	114.4133	133.3339	155.6196	181.8708	212.793	249.214

年金终值系数表 3

期数	17%	18%	19%	20%	21%	22%	23%	24%	25%
1	1	1	1	1	1	1	1	1	1
2	2.17	2.18	2.19	2.2	2.21	2.22	2.23	2.24	2.25
3	3.5389	3.5724	3.6061	3.64	3.6741	3.7084	3.7429	3.7776	3.8125
4	5.140513	5.215432	5.291259	5.368	5.445661	5.524248	5.603767	5.684224	5.765625
5	7.0144	7.15421	7.296598	7.4416	7.58925	7.739583	7.892633	8.048438	8.207031
6	9.206848	9.441968	9.682952	9.92992	10.18299	10.44229	10.70794	10.98006	11.25879
7	11.77201	12.14152	12.52271	12.9159	13.32142	13.73959	14.17077	14.61528	15.07349
8	14.77325	15.327	15.90203	16.49908	17.11892	17.76231	18.43004	19.12294	19.84186
9	18.28471	19.08585	19.92341	20.7989	21.71389	22.67001	23.66895	24.71245	25.80232
10	22.39311	23.52131	24.70886	25.95868	27.27381	28.65742	30.11281	31.64344	33.2529
11	27.19994	28.75514	30.40355	32.15042	34.00131	35.96205	38.03876	40.23787	42.56613
12	32.82393	34.93107	37.18022	39.5805	42.14158	44.8737	47.78767	50.89495	54.20766
13	39.40399	42.21866	45.24446	48.4966	51.99132	55.74591	59.77883	64.10974	68.75958
14	47.10267	50.81802	54.84091	59.19592	63.90949	69.01001	74.52796	80.49608	86.94947
15	56.11013	60.96527	66.26068	72.03511	78.33049	85.19221	92.6694	100.8151	109.6868
16	66.64885	72.93901	79.85021	87.44213	95.77989	104.9345	114.9834	126.0108	138.1085
17	78.97915	87.06804	96.02175	105.9306	116.8937	129.0201	142.4295	157.2534	173.6357
18	93.40561	103.7403	115.2659	128.1167	142.4413	158.4045	176.1883	195.9942	218.0446
19	110.2846	123.4135	138.1664	154.74	173.354	194.2535	217.7116	244.0328	273.5558
20	130.0329	146.628	165.418	186.688	210.7584	237.9893	268.7853	303.6006	342.9447
21	153.1385	174.021	197.8474	225.0256	256.0176	291.3469	331.6059	377.4648	429.6809
22	180.1721	206.3448	236.4385	271.0307	310.7813	356.4432	408.8753	469.0563	538.1011
23	211.8013	244.4868	282.3618	326.2369	377.0454	435.8607	503.9166	582.6298	673.6264
24	248.8076	289.4945	337.0105	392.4842	457.2249	532.7501	620.8174	723.461	843.0329
25	292.1049	342.6035	402.0425	471.9811	554.2422	650.9551	764.6054	898.0916	1054.791

年金现值系数表 1

期数	1%	2%	3%	4%	5%	6%	7%	8%
1	0.990099	0.980392	0.970874	0.961538	0.952381	0.943396	0.934579	0.925926
2	1.970395	1.941561	1.91347	1.886095	1.85941	1.833393	1.808018	1.783265
3	2.940985	2.883883	2.828611	2.775091	2.723248	2.673012	2.624316	2.577097
4	3.901966	3.807729	3.717098	3.629895	3.545951	3.465106	3.387211	3.312127

续表

期数	1%	2%	3%	4%	5%	6%	7%	8%
5	4.853431	4.71346	4.579707	4.451822	4.329477	4.212364	4.100197	3.99271
6	5.795476	5.601431	5.417191	5.242137	5.075692	4.917324	4.76654	4.62288
7	6.728195	6.471991	6.230283	6.002055	5.786373	5.582381	5.389289	5.20637
8	7.651678	7.325481	7.019692	6.732745	6.463213	6.209794	5.971299	5.746639
9	8.566018	8.162237	7.786109	7.435332	7.107822	6.801692	6.515232	6.246888
10	9.471305	8.982585	8.530203	8.110896	7.721735	7.360087	7.023582	6.710081
11	10.36763	9.786848	9.252624	8.760477	8.306414	7.886875	7.498674	7.138964
12	11.25508	10.57534	9.954004	9.385074	8.863252	8.383844	7.942686	7.536078
13	12.13374	11.34837	10.63496	9.985648	9.393573	8.852683	8.357651	7.903776
14	13.0037	12.10625	11.29607	10.56312	9.898641	9.294984	8.745468	8.244237
15	13.86505	12.84926	11.93794	11.11839	10.37966	9.712249	9.107914	8.559479
16	14.71787	13.57771	12.5611	11.6523	10.83777	10.1059	9.446649	8.851369
17	15.56225	14.29187	13.16612	12.16567	11.27407	10.47726	9.763223	9.121638
18	16.39827	14.99203	13.75351	12.6593	11.68959	10.8276	10.05909	9.371887
19	17.22601	15.67846	14.3238	13.13394	12.08532	11.15812	10.3356	9.603599
20	18.04555	16.35143	14.87747	13.59033	12.46221	11.46992	10.59401	9.818147
21	18.85698	17.01121	15.41502	14.02916	12.82115	11.76408	10.83553	10.0168
22	19.66038	17.65805	15.93692	14.45112	13.163	12.04158	11.06124	10.20074
23	20.45582	18.2922	16.44361	14.85684	13.48857	12.30338	11.27219	10.37106
24	21.24339	18.91393	16.93554	15.24696	13.79864	12.55036	11.46933	10.52876
25	22.02316	19.52346	17.41315	15.62208	14.09394	12.78336	11.65358	10.67478

年金现值系数表 2

期数	9%	10%	11%	12%	13%	14%	15%	16%
1	0.917431	0.909091	0.900901	0.892857	0.884956	0.877193	0.869565	0.862069
2	1.759111	1.735537	1.712523	1.690051	1.668102	1.646661	1.625709	1.605232
3	2.531295	2.486852	2.443715	2.401831	2.361153	2.321632	2.283225	2.24589
4	3.23972	3.169865	3.102446	3.037349	2.974471	2.913712	2.854978	2.798181
5	3.889651	3.790787	3.695897	3.604776	3.517231	3.433081	3.352155	3.274294
6	4.485919	4.355261	4.230538	4.111407	3.99755	3.888668	3.784483	3.684736
7	5.032953	4.868419	4.712196	4.563757	4.42261	4.288305	4.16042	4.038565
8	5.534819	5.334926	5.146123	4.96764	4.79877	4.638864	4.487322	4.343591

续表

期数	9%	10%	11%	12%	13%	14%	15%	16%
9	5.995247	5.759024	5.537048	5.32825	5.131655	4.946372	4.771584	4.606544
10	6.417658	6.144567	5.889232	5.650223	5.426243	5.216116	5.018769	4.833227
11	6.805191	6.495061	6.206515	5.937699	5.686941	5.452733	5.233712	5.028644
12	7.160725	6.813692	6.492356	6.194374	5.917647	5.660292	5.420619	5.197107
13	7.486904	7.103356	6.74987	6.423548	6.121812	5.842362	5.583147	5.342334
14	7.78615	7.366687	6.981865	6.628168	6.302488	6.002072	5.724476	5.467529
15	8.060688	7.60608	7.19087	6.810864	6.462379	6.142168	5.84737	5.575456
16	8.312558	7.823709	7.379162	6.973986	6.603875	6.26506	5.954235	5.668497
17	8.543631	8.021553	7.548794	7.11963	6.729093	6.372859	6.047161	5.748704
18	8.755625	8.201412	7.701617	7.24967	6.839905	6.46742	6.127966	5.817848
19	8.950115	8.36492	7.839294	7.365777	6.937969	6.550369	6.198231	5.877455
20	9.128546	8.513564	7.963328	7.469444	7.024752	6.623131	6.259331	5.928841
21	9.292244	8.648694	8.07507	7.562003	7.10155	6.686957	6.312462	5.973139
22	9.442425	8.77154	8.175739	7.644646	7.169513	6.742944	6.358663	6.011326
23	9.580207	8.883218	8.266432	7.718434	7.229658	6.792056	6.398837	6.044247
24	9.706612	8.984744	8.348137	7.784316	7.282883	6.835137	6.433771	6.072627
25	9.82258	9.07704	8.421745	7.843139	7.329985	6.872927	6.464149	6.097092

年金现值系数表 3

期数	17%	18%	19%	20%	21%	22%	23%	24%	25%
1	0.854701	0.847458	0.840336	0.833333	0.826446	0.819672	0.813008	0.806452	0.8
2	1.585214	1.565642	1.546501	1.527778	1.50946	1.491535	1.47399	1.456816	1.44
3	2.209585	2.174273	2.139917	2.106481	2.073934	2.042241	2.011374	1.981303	1.952
4	2.743235	2.690062	2.638586	2.588735	2.540441	2.493641	2.448272	2.404277	2.3616
5	3.199346	3.127171	3.057635	2.990612	2.925984	2.86364	2.803473	2.745384	2.68928
6	3.589185	3.497603	3.409777	3.32551	3.244615	3.166918	3.092254	3.020471	2.951424
7	3.92238	3.811528	3.705695	3.604592	3.507946	3.415506	3.327036	3.242316	3.161139
8	4.207163	4.077566	3.954366	3.83716	3.725576	3.619268	3.517916	3.421222	3.328911
9	4.450566	4.303022	4.163332	4.030967	3.905434	3.786285	3.673102	3.565502	3.463129
10	4.658604	4.494086	4.338935	4.192472	4.054078	3.923184	3.79927	3.681856	3.570503
11	4.836413	4.656005	4.4865	4.32706	4.176924	4.035397	3.901846	3.775691	3.656403
12	4.988387	4.793225	4.610504	4.439217	4.27845	4.127375	3.98524	3.851363	3.725122

期数	17%	18%	19%	20%	21%	22%	23%	24%	25%
13	5.11828	4.909513	4.714709	4.532681	4.362355	4.202766	4.053041	3.91239	3.780098
14	5.229299	5.008062	4.802277	4.610567	4.431698	4.264562	4.108163	3.961605	3.824078
15	5.324187	5.091578	4.875863	4.675473	4.489007	4.315215	4.152978	4.001294	3.859263
16	5.405288	5.162354	4.9377	4.729561	4.536369	4.356734	4.189413	4.033302	3.88741
17	5.474605	5.222334	4.989664	4.774634	4.575512	4.390765	4.219035	4.059114	3.909928
18	5.533851	5.273164	5.033331	4.812195	4.607861	4.41866	4.243118	4.079931	3.927942
19	5.584488	5.316241	5.070026	4.843496	4.634596	4.441525	4.262698	4.096718	3.942354
20	5.627767	5.352746	5.100862	4.86958	4.656691	4.460266	4.278616	4.110257	3.953883
21	5.664758	5.383683	5.126775	4.891316	4.674951	4.475628	4.291558	4.121175	3.963107
22	5.696375	5.409901	5.14855	4.90943	4.690042	4.48822	4.302079	4.12998	3.970485
23	5.723397	5.43212	5.166849	4.924525	4.702514	4.498541	4.310634	4.13708	3.976388
24	5.746493	5.450949	5.182226	4.937104	4.712822	4.507001	4.317588	4.142807	3.981111
25	5.766234	5.466906	5.195148	4.947587	4.72134	4.513935	4.323243	4.147425	3.984888

教师服务

感谢您选用清华大学出版社的教材！为了更好地服务教学，我们为授课教师提供本书的教学辅助资源，以及本学科重点教材信息。请您扫码获取。

≫ 教辅获取

本书教辅资源，授课教师扫码获取

≫ 样书赠送

财政与金融类重点教材，教师扫码获取样书

 清华大学出版社

E-mail: tupfuwu@163.com
电话：010-83470332 / 83470142
地址：北京市海淀区双清路学研大厦 B 座 509

网址：http://www.tup.com.cn/
传真：8610-83470107
邮编：100084